Bianka Bleier
Notizen aus dem prallen Leben

Bianka Bleier

Notizen

aus dem prallen Leben

scm R.Brockhaus

RB*taschenbuch Bd.* ***670***

Umschlag: Dietmar Reichert, Dormagen
Gesamtherstellung: Jesusbooks, Großburgwedel
ISBN-10: 3-417-20670-7
ISBN-13: 978-3-417-20670-8
Bestell-Nr.: 220 670

Inhalt

An seinen Spuren werdet ihr ihn erkennen

Sonntagnachmittag. Nikolausfeier des Musikvereins mit Büttenrede und Bescherung. Das Jugendorchester wird drei winzige Beiträge bringen. Lena spielt im Jugendorchester... Als ich die Halle betrete, ist der Himmel so verheißungsvoll blau, dass das Opfer schier unbezahlbar scheint. Werner schenkt es sich denn auch von vorneherein.

Als ich drei Stunden später wieder frei gelassen werde, ist es dunkel. Habe das Gefühl, den Tag versäumt zu haben. Im Sommer würden wir jetzt noch die tollsten Sachen machen. Wir haben jetzt die kürzesten Tage des Jahres, Biankas Härteprüfung. Jetzt ist die Stunde, in der der Himmel gerade noch heller ist als die Erde. Es hat getaut, Millionen Kubikmeter Schnee sind geschmolzen und die Erde ist aufgebrochen. Nach vielen geruchlosen Tagen riecht es wieder; erdig, würzig und schwer. Ich *muss* in den Wald nach dieser öden Rumsitzerei.

Wunderbar, dass Charly, unser Schäferhundmischling, allein durch seine Gegenwart mir ermöglicht, mich im Dunkeln in den Wald zu trollen, angstfrei und ohne einen Gedanken an den schwarzen Mann. Charly ist mein Bodyguard, stark und zuverlässig. Die Häuser um den See werfen Lichter auf das Wasser, Klein-Venedig-gleich. Ab und zu höre ich Enten leise schnattern, »Lalilu« auf Entensprache.

Den Weg ahne ich nur, Charly kann ich auch nicht sehen. Ich weiß einfach, dass er da ist, er war ja eben noch hier, ist überhaupt immer bei mir, der Treue. Geht zwar manchmal ein Stück voraus, aber nie, ohne sich umzusehen und sich zu vergewissern, ob ich mitkomme. Wenn ich ihn riefe, wäre er auf der Stelle hier. Charly bringt die Enten zum Schnattern, schlürft Wasser und macht dabei Wellen, hinterlässt Spuren auf dem Weg, den ich gehen werde. Nimmt mir meine Angst vor dem Dunkel, gibt mir Schutz und Geleit. Am Ende des Weges, als wir aus dem Wald rauskommen, steht er da und wartet auf mich.

»Wie Jesus!«, denke ich plötzlich. Gläubige Hundefreunde wissen, was ich meine. Für meine Sinne nicht wahrnehmbar und doch in meinem Leben so real, zieht sich sein Handeln wie ein roter Faden durch meine Zeit. Sobald ich es wage, ihn zu bitten, mir zu helfen, wird er auch für Augen und Ohren wahrnehmbar an seinen Spuren. Auch Jesus nimmt mir immer wieder meine Angst vor dem Dunkel meines Lebens, macht mich ruhig und gewiss.

Der Glaube ist die feste Gewissheit, dass sich erfüllt, was Gott versprochen hat; er ist die tiefe Überzeugung, dass die unsichtbare Welt Gottes Wirklichkeit ist, auch wenn wir sie noch nicht sehen können.

HEBRÄER 11,1

Kann denn Sorge Sünde sein?

Ist Jan einsam in der Schule? Ärgern ihn seine Klassenkameraden? Wird ihm auf der täglichen langen Fahrt zur Sonderschule übel? Kann er das Lernniveau halten oder wird er die Schule wechseln müssen? Wie lange werden ihm die Nachbarjungs von gegenüber noch treu bleiben? Wird Jan sich je verlieben? Wird er einsam sein, wenn er älter ist? Werden ihn seine Arbeitskollegen ärgern? Wird er je verständlich sprechen lernen? Einen Beruf? Wird er immer so schwerhörig bleiben oder kann ihm eine Operation helfen? Wird er immer bei uns wohnen oder kann er einmal selbstständig leben? Wird er je ohne mich zurechtkommen? Wird Bayern München Deutscher Meister bleiben oder wird das Leben ihn auch hier enttäuschen?

»Sorge dich nicht, Gott sorgt.
Sei nicht bekümmert! Gott kümmert sich.

Sei schwach! Gott wartet auf dich.
Er will dir Freude die Fülle geben.«

Dieser überaus kluge und geistliche Kalenderspruch auf einem Familientimer stammt aus meiner eigenen Feder. Ich habe einen Abend lang darüber nachgedacht, daran herumgefeilt und meine ganze Lebenserfahrung hineingesteckt ...

»Nicht unserer Hoffnungen werden wir uns einstmals zu schämen haben, sondern unserer ärmlichen und ängstlichen Hoffnungslosigkeit, die Gott nicht zutraut, die in falscher Demut nicht zugreift, wo Gottes Verheißungen gegeben sind.« Das stammt von Dietrich Bonhoeffer, mein Leitmotiv für unverschämtes Beten und große Erwartungen an Gott, das in meiner Bibel vorne drin klebt ...

»Sorgen ist Sünde« steht in meinem Timer unter »L« wie »Lebensziele«. Das war eine ernste Erkenntnis, nachdem ich ein entscheidendes Partikel davon verstanden hatte, was Jesus zum Thema Sorgen in der Bergpredigt gesagt hat.

Nämlich: »Sorgt euch nicht! Und wenn ihr euch noch so viel sorgt, könnt ihr doch euer Leben auch nicht um einen Augenblick verlängern. Weshalb macht ihr euch so viele Sorgen? Meint ihr, dass Gott euch vergessen würde? Vertraut ihr Gott so wenig? Hört auf, voller Sorgen zu denken ... Wollt ihr leben wie die Menschen, die Gott nicht kennen und sich nur mit diesen Dingen beschäftigen? Habt keine Angst vor der Zukunft! Gott wird auch morgen für euch sorgen. Glaubt ihr das???«

Habe ich jemals die Erfahrung gemacht, dass das Ziel meiner Sorgen sich verändert hätte durch mein Grübeln? Vielmehr hat es mir Kraft entzogen, mich mit meinem Heute auseinander zu setzen.

Abraham Lincoln rät, sich jeden Tag dreißig Minuten für unsere Sorgen frei zu halten. Und in dieser Zeit ein Nickerchen zu machen ...

Was rät uns Jesus? »Gebt nur Gott und seiner Sache den ersten Platz in eurem Leben, so wird er euch auch alles geben, was ihr nötig habt.«

Wenn ich zuerst »nach dem Reich Gottes trachte«, wie es Luther übersetzt, dann genügt mir das, was Gott mir gibt? Was ich dann immer noch nicht erhalte, war nicht nötig?

Sorgen – nutzlose Zeitverschwendung. Kleinglaube. Wer sich um morgen sorgt, verpasst das Heute. Ich brauche mich nicht zu sorgen, denn Gott selbst hat es übernommen, für mich zu sorgen.

Weise Worte. Befreiung zum Greifen nah. Wann werde ich es endlich begreifen?

Gott sagt uns: Ich bin der Herr! Hör auf mit deinen Sorgen,
du gehörst mir! Meine Wirklichkeit
reicht über dein Leben hinaus.

U. EGGERS

Durchgestrichen

Stille Zeit. Am Ende der Vorsatz, heute ein guter Mensch sein zu wollen. So wie Jesus! Ein Tag lang Liebe gegenüber jedem, der mir begegnet. Das kann doch nicht zu hoch gegriffen sein, oder?

Ich gehe zu Jan ins Krankenhaus. Der Eingriff ist viel besser verlaufen als befürchtet. Ich bin wie erlöst. Gute Voraussetzungen, um ein guter Mensch zu sein. »Ich will dir heute eine Freude machen, weil du mein Gebet erhört hast« – so ungefähr sieht mein kindliches Stimmungsbild aus. Glücklich verbringe ich den Morgen bei Jan, in dem angenehmen Gefühl, eine gute Mutter zu sein.

Ein zweites Kind wird in unser Zimmer gebracht. »Die Frau sieht fertig aus«, denke ich. Das Gesicht verhärmt, der Ausdruck leer. Der Typ, der sie begleitet, wohl aus sozial schwacher Schicht, ein weiß-blond gefärbter Hahnenkamm auf dem kahlrasierten Kopf, um Jahre jünger. Wie unrund dieses Paar aussieht, stelle ich fest. Sie passt doch gar nicht zu ihm! Schweigend stehen sie neben dem Bett des Jungen mit dem fremdländischen Aussehen, pressen ein »Tschüss« zwischen den Lippen heraus, gehen, ohne sich noch einmal umzudrehen. Fassungslos sehe ich ihnen nach. Lassen das arme, von Bauchweh und Angst gepeinigte Kind allein! Am helllichten Tag! Wie verantwortungslos, wie lieblos, wie dumm!

Nicht einmal etwas zum Spielen haben sie ihm dagelassen. Ich gebe ihm Jans Bilderbücher, die er mit auffällig zitternden Händen durchblättert. Bestimmt ein vernachlässigtes Kind, am Ende ein Fall für das Jugendamt, denke ich voller Mitleid.

Am Abend kommt die Frau zurück. Das überrascht mich, ich habe nicht wirklich damit gerechnet. Sie hat einen südländisch aussehenden Mann mitgebracht, dem der Junge an den Hals fliegt, minutenlang drücken sie sich schweigend. Dann sitzen sie zwei Stunden lang still bei dem Jungen, in großer Fürsorge, voller Zärtlichkeit und Mitleid. Die Frau hat seine Lieblingsspielsachen dabei, zeigt ihm seine Wäsche, seine Handtücher, stellt nagelneue Hausschuhe vor sein Bett, eine neue Kosmetiktasche auf sein Waschbecken. Gerade noch war sie einkaufen. Der coole Typ von heute morgen war der Freund ihrer Tochter, er hat sie hergefahren, sie hat keinen Führerschein. Sieben Kinder hat sie, der Kleine ist ihr Jüngster.

Ich versinke in Scham. Selbsterkenntnis brennt sich in mein Herz: Ich habe diese Menschen verurteilt. Durchgestrichen! Mich über sie gestellt. Und das aufgrund weniger Äußerlichkeiten. Vorschnell, hochmütig, dumm und lieblos bin ich – weit davon entfernt, Jesus ähnlich zu sein. Ich will nicht durchgestrichen werden, ich will nicht durchstreichen. Ich will mit dem Herzen sehen. Menschen mit Gottes Augen sehen. Ich will lieben. Stumm bitte ich Gott um Vergebung ...

Alles, was ich bin, bin ich allein durch
Gottes vergebende Gnade.
1. KORINTHER 15,10

Anruf genügt

Zwei Tage lang gepackt und versucht, vorauszudenken. Wieder viel zu spät damit angefangen. Vor lauter Packen und Organisieren keine Zeit gehabt, Gott um seinen Segen für diesen Urlaub zu bitten. Höchstens eher nebenbei, mit dem Gefühl, noch einmal »richtig« dafür beten zu wollen. Zu sollen. Dann erledigt ins Bett fallen und vor Reisefieber lange nicht einschlafen können. Als ich dann doch fast einschlafe, werde ich von Jans Niesen auf der Stelle wieder hellwach – ich weiß sofort, dass er sich freigestrampelt hat und sein unterkühlter Körper das erste Warnsignal sendet. Bin gleich bei ihm, um ihn behütend zuzudecken – ich liebe ihn. Falle wieder ins Bett.

Als ich dann vom Wecker wie vom Donnerschlag geweckt werde, kriecht die Angst in mir hoch: Jetzt wird es ernst – wenn uns auf der Fahrt etwas passiert? Kann ich so knapp vorher, so schlampig, noch um Gottes Segen bitten? Gilt das noch? Missbrauche ich Gott nicht als Straßenwacht? Wenn ich Angst habe, bekomme ich seltsame, beklemmende Atembeschwerden. Oder Bauchweh. Jetzt habe ich beides ...

Automatisch spreche ich meinen Vater an. Und registriere erstaunt, dass ich damit rechne, dass er auf der Stelle hört – Gott muss nicht einmal geweckt werden, er hat wie eine Mutter alle Sender auf Empfang, alle Fühler ausgestreckt, sorgt für mich, sein Kind, will zu jeder Zeit mein Bestes. Gott hört mich sofort, beim ersten Alarmzeichen von mir ...

Diese Erkenntnis macht mich gleichzeitig kindlich klein und demütig und dankbar erleichtert. Ich muss nicht mit einer bestimmten Gebetshaltung oder -dauer Schönwetter bei meinem Vater machen, damit er mich überhaupt anhört. Ich brauche ihn nur zu rufen. Ganz schlicht. Mein Verhältnis zu ihm ist so vertraut. Wie zwischen Mutter und Kind. Es steht dem nichts im Weg, voller Erwartung und Vertrauen in Urlaub zu fahren.

Beziehungsweise

Urlaub. Zeit der großen Erwartungen. Ich weiß um die Gefahr – und will mich davor schützen, indem ich versuche, lieber gar keine Erwartungen zu haben und die der anderen zu erfüllen. Aber der Schuss geht nach hinten los: Nach der Halbzeit falle ich in meine Ich-komme-zu-kurz-Krise. »Einer ist immer der Depp, und zwar ich!«, denke ich verbittert.

Werner hat einen anderen Lebensrhythmus und geht anders an das Thema »Pflichten im Haushalt« heran. Im Urlaub kommt das zum Tragen.

Er will erst mal ausschlafen (»Ich habe Urlaub!«), und nach dem Essen erst mal ruhen (»Ich habe Urlaub!«). *Ich* dagegen will morgens frühstücken, wenn alle Kinder wach sind und mich entspannen, wenn die Arbeit erledigt ist (und mich nicht mehr, Ungemütlichkeit ausstrahlend, anglotzen kann). Ich bin enttäuscht, dass Werner nicht auf meine Bedürfnisse eingeht, meine Opferhaltung nicht würdigt. Also steigere ich mich in meine schlechte Laune hinein und bestrafe mich damit, dass ich erst recht nicht tue, wonach mir zumute ist, als Werner mittags (schon wieder ...) schläft und die Kids spielen.

Ich mache den Haushalt und beschäftige mich – pädagogisch wertvoll – mit den Kindern. Als Werner aufwacht, gutgelaunt und ausgeschlafen, strafe ich ihn mit Missachtung, damit er mein Opfer erkennt. Soll er doch ruhig erkennen, auf wessen Kosten er hier Urlaub macht und ein schlechtes Gewissen bekommen.

Als die Stimmung so richtig vergiftet ist, fliehe ich mit dem Hund in die Dünen – und dann endlich rede ich mit Gott, fällt mir ein, dass er ein Gott der Beziehungen ist, dem nicht gleichgültig ist, was zwischen Menschen vorgeht, dass er mir helfen könnte; ein Gott, der Liebe und Wachstum will. Den ich enttäusche durch meine kleinliche Art, meine kalkulierte Opferhaltung, mein liebloses Verharren in meiner schlechten Laune. Warum nehme ich ihn nicht bewusst mit hinein in meine Beziehungskiste?

Zu spät entdecke ich meist die Macht des Gebets. Immer wieder krampfe ich mich selbst damit ab, etwas schaffen zu wollen. Denke nicht daran, dass Gott etwas damit zu tun haben will.

In diesem Lebensbereich formuliere ich am spätesten Gebete – und erlebe zugleich meine am wenigsten erwarteten Gebetserhörungen. Hier werden meine Zweifel (»Was kümmert das Gott?«) am häufigsten zerstreut, werde ich am zuverlässigsten von Gott überrascht. Immer wieder neu erfahre ich, dass er nicht fern ist, sondern mitgeht – auch in meinen Beziehungen. Gott ist Liebe. Und er will und kann diese Liebe auch in Beziehungen schenken, sie herausheben aus ihrer Begrenztheit. Wenn ich ihn nur immer lassen würde ...

Mit veränderter Haltung kehre ich zurück, kann neu auf Werner zugehen, muss nicht mehr in meinem selbst gewählten Gefängnis verharren, die Tür war offen. Werner lenkt ein, reagiert auf meine Freundlichkeit, reagiert auf ehrliche Liebe, wird offen zum Gespräch, versteht mich, entschuldigt sich. Erstaunt und erleichtert erlebe ich in den kommenden Tagen, wie seine Aufmerksamkeit und Einfühlsamkeit mir gegenüber zunimmt.

Gott aber kann viel mehr tun, als wir von ihm erbitten oder uns auch nur vorstellen können. So groß ist seine Kraft, die in uns wirkt.

EPHESER 3,20

Hektische Fragen zur Gelassenheit

In der Schule liebte ich es, Briefchen unter der Bank hin- und herzuschicken. Seit ich E-Mail habe, hat das Spiel wieder begonnen. Wenn ich von der Arbeit im Buchladen heimkomme, überfällt mich schon eine Mischung aus Hoffnung, Vorfreude und Neugier. Mein erster Blick gilt dem konventionellen Blechbriefkasten, der neuerdings immer öfter leer bleibt, mein zweiter dem elektronischen. Solange müssen Haus und Hof sich gedulden. Das hier geht vor ...

Habe gerade während eines lichten Augenblickes der Selbsterkenntnis zwischen Buchladen und Putzeimer einer Freundin schnell ein paar Sätze gemailt: »Liebe Birgit, komme gerade vom Buchladen, Stress pur, kein Sommerloch weit und breit und die Kollegin im Urlaub. Ich versuche permanent den Tanz um die Prioritäten zu führen und sehne mich nur nach dem einfachen Leben, über das so viele Bücher geschrieben werden ...«

So weit, so gut. Einmal gejammert, einmal wichtig gewesen. Aber ihre postwendende Antwort reißt mich aus der vermeintlichen Unvermeidlichkeit meiner Hektik: »Liebe Bianka, eine provokative Frage: Was hindert dich, ›einfach‹ zu leben? Lebst du das, was du möchtest? Was ist da drin, das du nicht leben willst? Kannst du es nicht ändern?« Immer stellt sie mir solche Fragen, wenn ich jammere. Den Rest des Tages verbringe ich ziemlich nachdenklich.

Gewiss, ich hasse Stress. Seit Jahren lese ich fasziniert Bücher über Zeitmanagement, einfacheres Leben, geistliche Tiefe, die Kunst, im Jetzt zu leben. Habe ich meine grundlegende Problematik damit in den Griff bekommen? Ich fürchte, ich arbeite jetzt wirkungsvoller und konzentrierter – und mehr. Immer noch denke ich jede Woche, meine Woche ist zu voll.

Will ich die Dinge nur vereinfachen, um in der gleichen Zeit noch mehr zu leisten? Entstressen, reduzieren, einfacher leben, innehalten – will ich das wirklich? Warum mache ich es dann nicht einfach? Belüge ich mich selbst mit meiner Sehnsucht nach »Unsere kleine Farm«-Romantik?

Bin ich nicht großteils selbst für die Vielschichtigkeit meiner Aufgaben verantwortlich? Ich leide darunter, vieles halbherzig und unter Druck zu erledigen, sehe meine Eile von Berg zu Berg, die ich alle bezwingen möchte. Will ich wirklich eintöniger leben? Mehr innehalten? Wenn ich mein Leben ansehe und mich frage: »Was will ich streichen? Wo bin ich verzichtbar?« merke ich, dass ich gar nicht wirklich dazu bereit bin.

Fällt es mir vielleicht leichter, vor den Kindern in »wichtige« Arbeit zu fliehen als mit ihnen zu spielen, zu reden, zu kuscheln? Erscheint es mir attraktiver, mich um das Befinden mancher Erwachsenen zu kümmern, anstatt den Kindern zuzuhören, wenn ihnen gerade der Sinn nach reden steht? Wie viel Anerkennung brauche ich?

Es fällt mir leicht, Gelesenes über einfaches Leben abzunicken, aber schwer, Ansprüche in verschiedenen Bereichen meines Lebens zu senken. Wenn es denn schon ans Streichen gehen muss, könnte ich mich am ehesten vom Bügeln trennen. Mich fasziniert alles, was ich über einfaches Leben lese. Aber warum lebe ich es dann nicht einfach?

Warum schleppe ich zehn Bücher über die Bibel in den Urlaub, anstatt mich mit der Bibel und ein, zwei anderen zu begnügen? Aus Angst, mich zu langweilen? Warum backe ich drei Sorten Kuchen, wenn Gäste kommen, anstatt zu meiner Begrenztheit im Bewirten zu stehen und mich ihnen zuzumuten, wie ich bin? Aus Angst, sie zu langweilen? Warum fällt es mir so schwer, zu Anfragen nein zu sagen, obwohl meine Zeit so knapp ist?

Um mein Lebenstempo zu verringern, müsste ich Geschwindigkeitsbegrenzungen in mein Leben einbauen. Ich glaube, wenn ich mich mehr beeile, werde ich mehr Zeit haben. Das Gegenteil ist oft der Fall.

Neulich hielt ich sehnsüchtig das Programm über ein Seminar in der Hand, an dem ich mangels Zeit nicht teilnehmen konnte: »Gönne dich dir selbst«, »Know-why«, »Ein Hauch von Lebensfreude«, »Langsam laufen für ein langes Leben – das Prinzip der subjektiven Unterforderung, joggeln statt joggen...«, »Der Dreißig-Minuten-Urlaub« ... Die Sehnsucht ist da und ich spüre, dass ich Hilfe brauche. Ich beginne zu ahnen, dass ich es selbst in der Hand habe, dass ich nicht Opfer, sondern Täter meiner Situation bin.

Hektik macht mein Leben oberflächlich. Keine Zeit für tiefe Beziehungen, weder zu Gott, noch zu meinen nahen Menschen, die meine Zeit am ehesten verdient haben, denen ich sie versprochen habe. Hektik nimmt mir die Möglichkeit, zu lieben und mich lieben zu lassen. Manchmal wird mir das schmerzlich bewusst. Zum Beispiel wenn meine Große sich mir in den Weg stellt und gedehnt bittend sagt: »Kann ich dich mal drücken?«, und ich dann irritiert innehalte, um auch das schnell zu erledigen. Mit dem Kopf statt dem Herzen. Ich erschrecke dann jedes Mal über mich. Wie lange wird sie das noch fragen? Zu erschöpft, zu geistig abwesend, zu beschäftigt um zu lieben ...

Im Urlaub in Südfrankreich hatte ich ein seltsames Aha-Erlebnis, als ich beobachtete, wie bedächtig der Kellner uns bediente.

Als wären wir die einzigen Gäste in dem überfüllten Lokal! Er ging deswegen keinen Schritt schneller, ließ sich von der hungrigen Meute in keiner Weise unter Druck setzen. Wenn er bei uns war, war er ganz bei uns. Fasziniert dachte ich: Meine Güte, so will ich wieder durch mein Haus gehen, anstatt mit gefülltem Wäschekorb die Treppen hoch zu rennen, so will ich durch den Buchladen gehen, auch wenn mich sieben wartende Kunden stumm ansehen ...

Die Würde der Hausfrau ist unantastbar! Den Kellner vor Augen schreite ich seither durch unsere Gemächer und denke darüber nach, wie ich mein Leben wieder entschleunigen könnte. Ins Bett gehen, wenn ich müde bin. Aufhören zu essen, wenn ich satt bin. Den Telefonstecker ziehen, wenn ich Zeit für mich oder meine Familie brauche. Nicht aus dem Bedürfnis, freundlich zu sein, Erwartungen bei Menschen wecken, die dann enttäuscht sind, wenn ich keine Zeit für sie habe. Wenn ich Sehnsucht habe, Gott näher kennen zu lernen, in die Stille gehen, in der Bibel lesen statt Bücher über die Bibel anzulesen. Mir erlauben, nein zu sagen, statt mich von der Angst treiben zu lassen, mein Gesicht oder die Sympathie anderer zu verlieren.

Ich will mich disziplinieren und Tätigkeiten streichen, die zwar gut sind, aber nicht in einen guten Rhythmus von Arbeiten und Ruhen passen.

Ich will mich nicht durch selbstgestrickte Hektik davon abhalten lassen, wirklich zu leben. Ich will von Jesus Gelassenheit lernen, ihm, der immer wieder in die Stille ging, sich von Gott den Blick ausrichten ließ auf das, was als nächstes wichtig ist.

Nichts liegt mir ferner als Stille. Ich bin Martha. Während ich das schreibe, kommt Anna und sagt: »Dreh dich mal um!« Oje, was kommt jetzt? Ich sage: »Lieber nicht, ich habe Angst!« Sie setzt mir den kleinen Hasen auf den Schoß, der als einziger den letzten Wurf überlebte. Ganz still sitzt er da. Er riecht nach Heu. Das Näschen bewegt sich vorsichtig. Dass sie gerade jetzt damit kommt ... Ich will mich von den Kindern unterbrechen lassen. Jetzt bin ich schon so alt geworden, dann möchte ich wenigstens im guten Sinne erwachsen werden. Nicht völlig das Gefühl für ein gutes Gleichgewicht verwachsen, das auch ich als Kind noch hatte.

Wie der Same, der zwischen die Disteln fiel, sind Menschen, die Gottes Wort hören, bei denen aber alles beim Alten bleibt. Denn die Sorgen des Alltags, die Verführung durch den Wohlstand und die Jagd nach den Freuden dieses Lebens ersticken jeden Glauben.

LUKAS 8,14

Socken- und Vogelpaare

Der Urlaub ist vorbei. Ich bin traurig. Waren wir überhaupt weg? Das einzig Reale scheinen mir im Moment die Nachwehen: Meine Trauer mischt sich mit Bergen von Wäsche. Ich stehe in meinem kleinen Nordzimmer und sortiere die Socken von fünf Leuten mal 14 Tage. 133 Socken sind wieder angekommen, sieben sind verschollen, auf rätselhafte Weise, wie immer. Irgendein Bermuda-Dreieck in der Waschmaschine.

Meine Gefühle sind eher undankbarer Art. Statt erfüllt zu sein von tiefer Dankbarkeit über die uns geschenkte Zeit, grüble ich darüber nach, ob ich eigentlich arm bin oder reich. Bin ich ein armer Tropf, weil ich 133 Socken sortieren muss – oder bin ich reich, weil ich in einer Familie lebe, die 133 Socken besitzt? Bin ich arm, weil ich wie in Einzelhaft allein in einem dunklen Zimmer arbeiten muss oder bin ich reich, weil ich ein eigenes Zimmer habe, in dem ich unbeschwert Socken sortieren darf?

Normal ist dieses Grübeln nicht. Ich glaube, ich habe eine Pause nötig. Es fällt mir schwer, die Arbeit zu unterbrechen, als hätte sie etwas Unvermeidliches, Unaufschiebbares. Fast muss ich mich dazu zwingen. Auf dem Fluchtweg in den Garten sehen mich weitere unerledigte Aufgaben klagend an. Als ich über die Schwelle trete, blendet mich die Sonne. Ich wusste gar nicht, dass sie scheint. Befreit ziehe ich meinen Liegestuhl auf die Wiese.

Ich bin reich, ich besitze neben 133 Socken auch noch einen Liegestuhl! Unbezahlbar, wie die Sonne scheint! Ich schließe die Augen, es ist meine Lieblingstemperatur – bin ich froh, dass ich rausgegangen bin!

Ein seltsamer Vogelruf weckt meine Neugier. Hoch über mir fliegt ein Reiherpaar am Himmel. Sieht das schön aus! Minutenlang kreisen die beiden großen, eleganten Vögel in aller Stille und vollendeter Harmonie über mir einen Liebestanz. Nur ihre langen Hälse bewegen sich, sie blicken nach unten und besehen meinen Garten, vielleicht auch mich. Noch viel höher kreisen zwei Raubvögel. Welch ein Schauspiel!

Welch weiter Raum über der Enge meines Lebens! Ich bin getroffen von der Erkenntnis, dass mein Horizont weiter sein kann, hinausreicht über die 66 1/2 Sockenpaare – und dass es mein freier Entschluss ist, ihn zu durchbrechen.

Er riss mich heraus und stellte meinen Fuß auf weiten Raum.

PSALM 31, 9

Nach Hause kommen

Ich gleite die hohe Rutschbahn runter, mein Bauch kitzelt und meine Haare fliegen im Wind. Mein Faltenrock flattert beim Schaukeln um die Beine, und die Kniestrümpfe aus Trilanka rutschen immer wieder. Meine Cousine und ich kugeln die große Wiese runter, bauen uns eine Höhle im Gras unter den Büschen und malen mit Grashalmen Bilder auf unsere warme Haut.

Am Himmel rennt ein Pudel aus Watte, der sich in eine böse Hexe verwandelt. Mein Magen knurrt, ich höre die Kirchturmuhr schlagen, zähle mit und erschrecke. Ich rufe »Tschüss, bis morgen!« und renne nach Hause. Meine Zerknirschung wächst auf dem Heimweg mit jedem Meter und vor der Haustür ist sie beinahe echt.

Ein atemloser Blick in das Gesicht meiner Mutter zeigt mir, dass die Lage nicht ernst ist. »Ich hab mich verspielt!«. Sie brummt: »Geh dich waschen und zieh deinen Schlafanzug an, dann kannst du zu Abend essen.« Zwei Scheiben Brot mit meiner Lieblingswurst stehen auf dem Tisch neben selbstgemachtem Johannisbeersaft. Ich darf eine Kuchenteigschüssel auslecken.

Mein Vater lächelt: »Komm her, Prinzessin«, trägt mich Huckepack in mein blitzsauberes Zimmer und gibt mir einen saftigen Zweitagebart-Kuss. Meine Mutter kämmt mir die Haare, stellt meine Hausschuhe auf den Nachttisch, singt ein Lied, betet mit mir. Sanft fällt die Tür zu. Ich beobachte die Flamme des Ölofens, die sich an der Zimmerdecke spiegelt und schlafe ein.

Nach Hause kommen ... Wenn mir der typische Geruch von Jans Knetgebilde in die Nase steigt, überfällt mich eine unbestimmte Wehmut. Ich betaste, bestaune und berieche Lenas Wachsfarbengemälde und in mir steigt eine Ahnung von Kindheit und Geborgenheit hoch, die mich schaudern lässt. Mit jedem Zentner Älterwerden wusste ich schon immer, dass etwas verloren geht.

Ich trauere darum, wie einfach mein Leben einmal war, wie behütet und umsorgt, wie ungestört ich wachsen und gedeihen konnte an Leib und Seele. Ich hatte alles, was ich brauchte. Heute muss ich für mich selbst sorgen. Niemand schreibt mehr eine Entschuldigung für mich, wenn ich Halsweh habe und im Notfall muss ich mich selbst verteidigen. Keiner hält mehr die Unbilden des Lebens von mir ab.

Zu der Schönheit des Lebens ist die Kehrseite der Medaille dazugekommen. Jeder Tag kann Verletzung, Enttäuschung, Verlust bringen. Im Kommunionsunterricht habe ich ein Lied gelernt, das ich nie mehr vergessen habe:

> Wir sind nur Gast auf Erden und wandern ohne Ruh
> durch mancherlei Beschwerden der ewigen Heimat zu.
> Die Wege sind verlassen und oft sind wir allein.
> In diesen grauen Gassen will niemand bei uns sein.
> Nur einer gibt Geleite, das ist der Herre Christ,
> er wandert treu zur Seite, wenn alles uns vergisst.
> Gar manche Wege führen aus dieser Welt hinaus.
> O, dass wir nicht verlieren den Weg zum Vaterhaus.
> Und sind wir einmal müde, dann stell ein Licht uns aus,
> o Gott in deiner Güte, dann finden wir nach Haus.

GEORG THURMAIR

Nach Hause kommen – ich möchte wieder so heimkommen wie damals, mit Sorglosigkeit im Gepäck und argloser Vorfreude auf das Leben. Der Verlust wird nicht für immer sein. Eines Tages werde ich für immer nach Hause kommen. Ich freue mich darauf.

Denn auf dieser Erde gibt es keine Stadt, in der wir wirklich und für immer zu Hause sein können. Sehnsüchtig warten wir auf die Stadt, die im Himmel für uns erbaut ist.

HEBRÄER 13,14

Mein erstes graues Haar

Warum stören mich graue Haare an anderen Frauen nie? An Männern schon zweimal nicht? Eine neue Epoche in meinem Leben beginnt – der körperliche Abbau. Es äußert sich zuerst an meinem Äußeren – die Haut eine Idee weniger elastisch, verräterische Fältchen um Augen und Mund (was verraten sie?), morgens dunkle Höhlen unter den Augen. Mein erstes graues Haar.

Mir fällt ein Satz aus der Geburtsvorbereitung ein: »Jede Wehe bringt Sie Ihrem Ziel näher« – kann ich das Älterwerden auch so sehen? »Jedes graue Haar, jede Falte bringt dich deinem Ziel näher«, sage ich meinem Spiegelbild versöhnlich. Hilft mir das wirklich? Und was ist mein Ziel?

Wehmütig betrachte ich die vollkommen geformte Sechzehnjährige, die sich im Hallenbad neben mir fönt. Ihre Schönheit ist überwältigend, ihre Selbstverliebtheit empörend. Gestylt wie Claudia Schiffer übt sie aufreizende Posen vor dem Spiegel. Wie lauter ist meine Empörung? Verurteile ich sie, weil sie sich schön findet? Stelle ich mich über sie, weil sie schöner ist als ich? Ist es der blanke Neid, noch nie so schön gewesen zu sein?

36 – noch jung? Gerade noch? Ich bin eine Frau, ich will schön sein. Doch selbst das bescheidene Maß an Schönheit, das Gott mir zugedacht hat, schwindet dahin. Muss das sein? Was beabsichtigt Gott damit? Was soll ich lernen? Ich weiß, dass Schönheit nicht meine Lebensgrundlage sein kann. Ich weiß es ja ...

Ich kann es immer noch nicht fassen, dass es auch mich einholt. Mein erstes graues Haar!

Graues Haar ist ein würdevoller Schmuck – angemessen für alle, die Gottes Geboten folgen ...

SPRÜCHE 16,3

Ich wäre gerne

Ich bin enttäuscht von mir. Ich bin 37 Jahre alt. Ich würde gerne kochen können wie eine italienische Mamma, aus deren Küchenfenster dem Heimkehrenden eine verheißungsvolle Duftwolke aus Kräutern entgegenschwebt. Ich werde das Geheimnis der Kräuterküche niemals ergründen, mein verbleibendes Leben ist einfach zu kurz dazu.

Ich hätte gerne die Figur und die Anmut einer 25-jährigen Französin. Ich werde noch so viel Bodengymnastik machen können (ich werde es nie machen ...), mein Bauch wird weich bleiben und stets bereit, sich auffällig nach vorne zu wölben.

Ich würde gerne Pferde züchten. Oder wenigstens Hunde. Aber ich kann nicht einmal reiten, obwohl ich mich seit meiner frühesten Kindheit danach sehne. Warum erfülle ich mir nicht meine grundlegenden Wünsche? Bin ich zu (v)erwachsen?

Ich würde gerne regelmäßig Jazztanz (wegen der schwungvollen Bewegung nach Musik) und Volleyball (wegen des freudvollen Gemeinschaftsgefühls) ausüben und jeden Morgen durch den Wald walken (um lange gesund zu leben) – und bringe es höchstens zu einer morgendlichen Runde Radfahren.

Ich würde gerne das Klavierspielen beherrschen oder wenigstens Akkordeon, um französische Weisen spielen zu können, mich dabei zu verlieren und meine Gefühle zum Ausdruck zu bringen. Ich würde gerne fünf Sprachen fließend sprechen oder zumindest meine Sprachkenntnisse auf dem Stand meiner letzten Schulprüfung einfrieren.

Ich möchte sonntags ohne Hemmungen und Menschenfurcht in der Gemeinde ans Mikrofon gehen und freimütig über meine Erfahrungen mit Gott oder die Tatsache, dass ich schon lange keine mehr gemacht habe, erzählen, anstatt meinen Impuls dazu den ganzen Gottesdienst lang aufgeregt niederzukämpfen und am Schluss über mich selbst verärgert zu sein.

Ich hätte gerne einen guten Orientierungssinn und eine grüne Hand mit Zimmerpflanzen. Ich hätte gerne einen üppig blühenden Rosengarten mit Lavendel und große Buchsbüsche in Terrakotta anstelle des quadratischen Fußballrasens vor der Haustür.

Ich hätte gerne eine ausgesprochen geschmackvolle Hand bei der Gestaltung unseres Heims, gepaart mit handwerklichem Geschick, damit es bei mir aussieht wie bei »Schöner Wohnen« und ich nie mehr von meinem Heimwerker abhängig wäre.

Ich würde gerne in meiner inneren Mitte ruhen wie ein tibetanischer Mönch, wäre gern barmherzig wie Mutter Teresa und friedlich wie Mahatma Gandhi. Ich hätte gerne den groben Überblick über die europäische Geschichte und die Weltpolitik dieses Jahrhunderts. Ich wäre gerne ein geduldiger Nachhilfelehrer für meine Kinder.

Ich wäre gerne bescheiden und demütig ...

Aber ich bin Bianka, nicht mehr und nicht weniger. Was hat Gott sich bloß gedacht, als er mich gemacht hat? Hat der Allmächtige mich wirklich bewusst und mit Freude geschaffen, wie ein Prediger neulich beim Auslegen von Psalm 139 zu erkennen glaubte? Jubelt er tatsächlich laut über mich, wie der Prophet Zefanja behauptet?

Sollte ich mir etwa genügen? Es gut sein lassen? Das Gute meinen Nächsten lassen? Mich von Gottes Freude über mich, seine Tochter, anstecken lassen??

Du hast mich geschaffen – meinen Körper und meine Seele, im Leib meiner Mutter hast du mich gebildet. Herr, ich danke dir dafür, dass du mich so wunderbar und einzigartig gemacht hast! Schon als ich im Verborgenen Gestalt annahm, unsichtbar noch, kunstvoll gebildet im Leib meiner Mutter, da war ich dir dennoch nicht verborgen ...

Psalm 139,13-14

Nothing is perfect

Meine Sehnsucht nach Vollkommenheit lauert immer unter der Oberfläche, bereit, sich in nörgelnder Unzufriedenheit und der Perfektionismusfalle zu verfangen. Sie ist der Motor meines Handelns und meiner Kritik/Selbstkritik. Selbst jetzt im Urlaub.

Vor der Abreise haben wir einen farblich passenden Teppichboden im Wohnwagen verlegt – wir wollten es wohnlicher haben. Aber jetzt kriegen wir die hereinschwebenden Hundehaare nicht mehr raus und er sieht einfach nur schmuddelig aus. Ich wollte es mit dem Kochen im Urlaub einfach haben, heute gibt es Spaghetti mit Tütensoße. Ehrlich gesagt schmeckt es mehr als billig, und als Werner das Essen in den höchsten Tönen lobt, kommt mir das reichlich übertrieben vor.

Vor der Wanderung hatten wir einen dummen Streit und ich fühle mich völlig in Frage gestellt. Jetzt bin ich an einem der schönsten Flecken der Erde, aber wenn Werner sich nicht neben mich setzt und mich in den Arm nimmt, dann unterstreichen die zehn Meter zwischen unseren beiden Felsblöcken, auf denen jeder von uns malerisch kauert, die Distanz, die heute morgen zwischen uns entstanden ist. Selbst hier an diesem paradiesähnlichsten Ort, den ich mir denken kann, bei 25 Grad Sonnenschein, treten bei mir keine paradiesischen Zustände ein, bleibt das Gefühl, Gast auf Erden zu sein, auf etwas zu warten, ohne genau zu wissen, worauf.

Ganz gleich, welche Träume Menschen sich erfüllen – der Hunger bleibt und hält die Sehnsucht wach nach mehr. Kinder sehnen sich danach, erwachsen zu werden, Singles sehnen sich nach Partnern, Eheleute nach Kindern, Eltern nach Ruhe und einer Zeit ohne Verantwortung und Abhängigkeit, verwaiste Eltern nach alten Zeiten, Großeltern nach Jugend und Gesundheit. Die Schöpfung seufzt und sehnt sich nach einem neuen Himmel und einer neuen Erde und das zum Greifen nahe Paradies hier im Urlaub macht meine Vorfreude konkreter.

»Ich kann den dumpfen Schmerz in meinem Herzen nicht zum Schweigen bringen, den ich als den Schrei nach Heimat diagnostiziert habe«, hat Pat Conroy einmal geschrieben. Mit meinen Gedanken finde ich mich in der Bibel wieder, wo ich folgendes lese:

Er drückte uns sein Siegel auf, wir sind sein Eigentum
geworden, und er hat uns seinen Heiligen Geist gegeben.
Damit haben wir die Garantie von Gott,
dass er uns noch viel mehr schenken wird.
2. KORINTHER 1,22

Carpe dingsbums

Neulich bekam ich eine Mail von einem Freund, dessen Frau samt Kindern übers Wochenende verreiste, auf dass er sich erholen könne. Er schrieb, er gönne sich eine Atempause, weil er merke, dass er das dringend nötig habe.

Den Eindruck hatte ich allerdings auch. Er hoffe, dass er auch die Kurve zu Ruhe und Stille kriege. Er sei nämlich kein kontemplativer Typ (nette Untertreibung für einen Beinahe-Workaholic) und eigentlich immer ein wenig unter Strom, getrieben von der Dringlichkeit der Dinge, die er gerne wegarbeiten möchte. Da habe er – was Stillsein betreffe – noch ein großes Feld zum Lernen ...

Plötzlich schmilzt die Distanz und ich fühle mich ertappt. Das kenne ich doch! Geht mir doch ganz genauso. Meine Tochter Anna, mein Mann Werner sind mehr die atmosphärischen Typen, die über Berge steigen können, um sich aneinander zu kuscheln oder sich in einer Ecke abseits des Chaos abzulegen, derweil Lena und ich den Haushalt schmeißen – hadernd mit deren Ruhe inmitten des Sturms. Immer wieder brummend:

»Schau her, Herr, wie ich für Dich arbeite und wie die anderen so faul zu Deinen Füßen sitzen!«

Oft erwische ich mich bei dem Gedanken: »Wenn ich einmal groß und alt bin, dann werde ich Muße haben ...« Wenn Menschen wie mein Freund und ich nicht bald dazulernen, wird Gott wohl ziemlich krasse Mittel benutzen müssen, um uns zur Vernunft zu bringen. Hoffe nur, dass er den anderen dann auch in die Hintern tritt ...

Trotzdem ist mir klar: Keine Stille halten können ist ein Defizit – und immer schön fleißig sein gibt trotzdem kein Fleißbildchen im Himmel. Für Aktivisten wie mich ist wohl die größte Herausforderung zu lernen, hinzuhalten – meine Seele zu Gott, meine Zeit meinem Partner, meinen Kindern, den Menschen, die Gott um mich gestellt hat und von denen er will, dass wir die Wegstrecke wirklich gemeinsam gehen, nicht nebeneinander.

Im Urlaub bin ich immer wie umgewandelt – sofort extrem faul. Kann mir jedes Mal nur schwer vorstellen, wieder in dieses arbeitsreiche Leben zurückzukehren. Das macht mir Hoffnung. Zu Hause falle ich schnell wieder in das andere Extrem.

Wenn der Sonntag nicht wäre, würde ich wochenlang nicht innehalten, nie faul in der Sonne liegen oder ein Buch lesen. Wobei ich dann aber schon wieder aufpassen muss, dass es kein Rezensionsexemplar für die Zeitschrift FAMILY oder eine Neuerscheinung aus dem Buchladen zum Reinlesen ist. Und dann kommen mir meist noch fünf Ideen und ich muss aufspringen und etwas zum Schreiben holen. Carpe diem eben: Nutze den Tag!

Ich bin wohl nicht fürs Stillsitzen geschaffen, ich könnte gar nicht so oft auf dem Sofa rumdösen oder fernsehen, das würde mich wahnsinnig machen. Aber es geht um Ausgewogenheit, um das richtige Maß. Werner kann mir helfen, indem er mich zu Mußestunden verführt. Wobei dann hilfreich wäre, wenn er vorher mit mir gemeinsam den Abwasch machen würde, anstatt mir zu empfehlen, ihn bis zum nächsten Morgen stehen zu lassen ...

Wenn ich es mal schaffe, mich mit Kerzen und Duftöl in der Wanne zu versenken (was ja auch eher was für Mußetypen ist), bin ich sehr stolz auf mich und habe das Gefühl, mächtig was geleistet zu haben ...

Ich hoffe immer noch, es gibt Hoffnung für Menschen wie meinen Freund und mich!

Maria, Marthas Schwester, setzte sich zu Jesus und hörte ihm aufmerksam zu. Martha aber war unentwegt beschäftigt. Jesus sagte zu ihr: »Martha, Martha, du machst dir viel Sorgen und mühst dich um Dinge, die im Grunde nicht so wichtig sind. Wichtig ist nur eins! Das hat Maria verstanden und davon werde ich sie nicht abbringen!«

LUKAS 10,38 ff

Ade, Harmonie!

Gleich zu Beginn der Weihnachtsferien geschieht es: Meine zwei Mädchen werden zu Teenagern. Zumindest dem Gebaren nach. Die Zehnjährige gleichzeitig mit der Zwölfjährigen. Der Ton schlägt um – in einer Zeit, auf die ich mich so gefreut habe, um aufzuatmen, um in Harmonie glücklich miteinander zu leben und zu feiern.

Mühelos opfern sie die Harmonie, stellen mich auf die Probe, die zur Zerreißprobe für mich wird. Ein ungewohnt rauer Wind schlägt mir entgegen. Zwar bin ich nicht unvorbereitet: Ich weiß, ich soll mich nicht zu wichtig nehmen, heranwachsende Menschen innerhalb des Familienverbandes dafür umso mehr, ich soll ihre schwierige, von Hormonen zerrüttete Metamorphose in die Erwachsenenwelt verstehen und nichts persönlich nehmen.

Und? Sobald die erste Auflehnung kommt (Anna: »Du nervst mich!«) nehme ich sie total persönlich, fühle mich an die Wand geknallt. Darf meine Tochter so etwas sagen? Zu mir? Ihrer leiblichen Mutter? Aber was nutzt ein Schweigegebot – wenn sie es so empfindet? So weiß ich wenigstens Bescheid – und leide.

Meine Fassade einer unantastbaren, unfehlbaren, allmächtigen und unkritisch geliebten Respektperson bröckelt – und heraus schält sich mein unvollkommener, verletzlicher Kern, der nach Eintracht und Liebe schreit. Warum gehorchen sie nicht mehr einfach? Warum glauben sie mir nicht mehr einfach? Warum sind sie so unfreundlich?

Sonntagmorgen. Leise weinend fahre ich in die Gemeinde – auf dem Rücksitz meine eisig schweigenden Damen, unnahbar, fremd. Dass mir das geschieht!

Okay, ich habe viel zu tun zurzeit. Ich habe wieder angefangen, mein eigenes Leben zu leben, ein Stück weit unabhängig von den Kindern, die tagsüber nicht mehr bei mir sind. Zu früh?

Es gibt so viel Wichtiges. Dringendes – Wesentliches? Ich habe keine Zeit mehr, mich um Unwesentliches zu kümmern. Das spüren die Kids, das verunsichert sie, stellt sie auf sich selbst. Zu oft? Ich gehe ihnen aus dem Weg – und ich gehe der Stille aus dem Weg. Keine Zeit, jetzt keine Zeit, später vielleicht ...

Die Rechnung kommt wie immer postwendend. Zuerst beschleunigt sich mein Puls, dann mein Lebensrhythmus, dann fange ich an, nur noch oberflächlich zu funktionieren und vergesse die Pausen. Zum Schluss vergesse ich vor lauter »Erledigen« zu leben. Die Menschen um mich herum treten in den Hintergrund, irritieren und stören. Ich sehe mich um und bin allein.

Und Gott ist auch wieder so besonders unsichtbar. Das sind die Zeiten, in denen ich mich von ihm entferne, weil ich zu beschäftigt bin. Dann sehe ich Gott nicht mehr, weil ich nicht mehr aufblicke. Ich spüre ihn nicht mehr, weil ich nicht mehr hinhalte. Ich kann ihn nicht mehr hören, weil ich zu sehr lärme. Und dann kommen die Zweifel. Wo bist du, du unsichtbarer Gott? Irgendwann merke ich, dass es mir nicht mehr gut geht. Ich spüre meinen Hunger. Ich möchte, dass sich etwas ändert.

So weit bin ich mit meiner Erkenntnis, als ich in der Gemeinde

Platz nehme. Und dann singen wir: »Seid nicht bekümmert, denn die Freude am Herrn ist eure Stärke ... denn die Freude am Herrn ist eure Kraft! Jesus, der auferstandene Herr, ist in eurer Mitte!«

In mir keimt Hoffnung auf. Heute werde ich Nahrung finden, heute wird sich etwas ändern.

Jemand liest die Geschichte von Maria und Martha, den Schwestern, die Besuch von Jesus bekommen. Scheint ja irgendwie meine Geschichte zu sein ... Martha schuftet in der Küche, während Maria wie angewurzelt zu Jesu Füßen sitzt und es ihr ziemlich egal zu sein scheint, was die Jünger essen werden.

Die Geschichte trifft mich jedes Mal. Es gibt viele wichtige Dinge, die erledigt werden wollen – aber Maria nimmt eine Auszeit, um Jesus zuzuhören. Ich finde Maria cool, aber ich tendiere doch meist zu Marthas Verhalten.

Kann ich das? Dinge liegen lassen, um auf Jesus zu hören, weil er mir etwas sagen will? Um mich meinen erwachsen werden wollenden Kindern zu widmen, die mich (noch) brauchen?

Die Predigt über Matthäus 28,20 (»Siehe, ich bin bei euch alle Tage bis an der Welt Ende«) zwingt meine Zweifel angesichts eines unsichtbaren Gottes wieder nieder. Kaum lasse ich mich auf ein Wort von Gott ein, ist er wieder nah bei mir – immer wieder mache ich diese Erfahrung. »Ich bin bei euch, das heißt, ich bewahre euch, ich rede zu euch, ich fordere euch heraus, ich korrigiere euch, ich bin für euch, nicht gegen euch.«

Und dann ein Bonbon speziell für mich: »Bangt ihr voller Grauen vor dem Ausbruch der Pubertät eurer Kinder?«, fragt der Prediger. »Auch hier gilt: Ich bin bei euch! – Wenn in der Teenagerzeit Eltern oft nur noch begleiten, an Wände reden, aus ihrer Sicht wichtige Entscheidungen getroffen werden müssen – ich bin bei euch!« Zufall??

Das Schlusswort Jesu an seine Jünger lautete: »Kein Tag ohne mich, bis ans Ziel, bis zuletzt!«

Mit neuem Mut fahre ich nach Hause. Ich gehe meinen Weg an Gottes Hand. Mit ihm an meiner Seite kann ich mit neuer Gelassenheit meinen sich verändernden Mädchen begegnen.

Ich bin zur Ruhe gekommen. Mein Herz ist zufrieden und still.
Wie ein Kind in den Armen seiner Mutter,
so ruhig und geborgen bin ich bei dir!
PSALM 131,2

Albträume

Jede Nacht träume ich davon, operiert zu werden. Schreckliche Dinge geschehen mit mir, wehrlos bin ich meinem Schicksal ausgeliefert, schlimmen Diagnosen ausgesetzt, erleide Kunstfehler ...

Die Operation meines Sohnes Jan steht bevor und tagsüber gelingt es mir, kaum daran zu denken. Aber nachts zeigt mir mein Unterbewusstsein, wie es wirklich in mir aussieht. Je näher die Operation rückt, umso schlimmer werden die Träume, lassen mich mit einem dumpfen, sorgenvollen Gefühl aufwachen.

Aber sorgen soll ich mich nicht, weiß ich aus der Bibel. Gott sorgt für mich. Und für Jan. Tag für Tag versuche ich, mir keine Sorgen zu machen – doch es bleibt weniger eine starke Glaubensleistung als pure Verdrängung.

Ob Gott auch – schon im Vorfeld – so leidet, wenn er voraussieht, dass wir leiden werden? Wie eine Mutter für ihr Kind bangt, schon bevor es sein Leid durchlebt, schon allein weil sie darum weiß? Mein Kind wird leiden müssen, damit es ihm später besser geht. Um zu gesunden. Ich muss es zulassen. Muss geschehen lassen, dass dem arglos mir vertrauenden, unversehrten Kind bald wehgetan wird.

Schon mehrmals habe ich geahnt, dass Gott in meinem Leben Schweres zulässt, das mir wohl zu meinem Besten dienen soll. Jetzt erst kommt mir der Gedanke, dass Gott darüber überhaupt nicht froh ist, dass es ihm weh tut, Dinge zuzulassen, die mir Schmerzen zufügen, um mir später zum Besten zu dienen. Weil er mein Vater ist.

Gott ist ein Gott, der Gedanken und Gefühle hat. Er fühlt mit uns, leidet mit uns, unter unserer Schuld und unserem Kleinglauben, unter der Trennung zwischen ihm und uns, er leidet unter unserem Weltenschmerz. Gott trauert – um verlorene Schafe, um verlorene Leidenschaft im Glauben, er trauert mit uns Trauernden. Gott hat Hoffnung. Sieht jeden von ihm geschaffenen und so geliebten Menschen mit seinem Herzen. Hofft auf seine Liebe zu ihm. Freut sich, jubelt über jeden heimkehrenden Sohn, über jedes Glaubenszeichen, über jede Bewährung in Anfechtung, über Wachstum, vertrauensvolles Gebet und nicht versiegende Hoffnung.

Getrost kann ich an diesem Morgen wirklich meine Sorgen dem überlassen, der allein für Jan sorgen kann.

Als Maria zu Jesus kam und ihn sah, warf sie sich vor ihm nieder. »Herr, wenn du hier gewesen wärst, hätte mein Bruder nicht sterben müssen«, sagte sie zu ihm. Jesus sah sie weinen; auch die Leute, die mit ihr gekommen waren, weinten. Da wurde er zornig und war sehr erregt. »Wo habt ihr ihn hingelegt?«, fragte er. »Komm und sieh es selbst, Herr!«, sagten sie. Jesus fing an zu weinen. Da sagten die Leute: »Er muss ihn sehr geliebt haben!«

JOHANNES 11,32-33

Trost für gestresste Adventstage: Alles ganz normal

Ich bin keine Fachfrau für Weihnachtsplätzchen und besinnliche Adventsstunden. Im Gegenteil. Mehr als fromme Hoffnung verbirgt sich für mich meist nicht hinter diesen Reizwörtern. Bleiers *sind* hektisch und die Vorweihnachtszeit ist noch mal hektischer. Nachdem ich jahrelang versucht habe, diese vier

Wochen Ausnahmezustand beschaulich zu gestalten und mit zunehmendem Alter der Kindertruppe immer kläglicher scheiterte, versuche ich jetzt zu lernen, zu der Umtriebigkeit dieser besonderen Zeit zu stehen.

Wer hat eigentlich das Gerücht in die Welt gesetzt, dass Christen zur Weihnachtszeit plötzlich still und beschaulich werden müssen? Kein Weihnachtsstress der Welt kann Weihnachten auch nur minimal beeinträchtigen! Keine noch so behagliche Besinnlichkeit ihm mehr Bedeutung verleihen!

Christen haben vor Weihnachten überdurchschnittlich oft die Möglichkeit, ungläubigen, irritierten, traurigen, verzweifelten, einsamen, plötzlich mehr als gewöhnlich nach Gott fragenden Mitmenschen die Botschaft von einem liebenden, lebendigen Schöpfergott zu bringen. Das bringt sie dazu, Überstunden vor Notenständern, in Fußgängerzonen, in Altersheimen, auf Bühnen, am Briefpapier und in christlichen Buchhandlungen zu machen.

Bei Jesu Geburt war von Besinnlichkeit jedenfalls keine Rede. Die Römer machten Hektik mit ihrer Volkszählung. Weite, beschwerliche Reisen, Straßenüberfälle, überfüllte Absteigen, eine Geburt in einem dunklen Loch ohne Hebamme, Mutter, Arzt.

Für Maria der reine Stress. Aber Gott wurde nie Mensch, um in uns süße Glocken zum Klingen zu bringen. Gott kam, weil er Brücken bauen wollte. Brücken müssen oft Tiefes überwinden. Manchmal schier Unüberwindbares.

Weihnachten feiern heißt, Gott diese Brücke bauen zu lassen zwischen mir und ihm, und ihn dann zu mir kommen zu lassen, damit er Frieden mit mir machen kann.

Wenn wir die Weihnachtszeit als hektisch erleben, befinden wir uns also in guter Tradition. Gott hat keine Angst vor unserer Hektik, er sieht unsere Not darin. Wir brauchen ihm auch heute nicht vier Wochen lang heile Welt vorzuspielen. Das ist, als würden wir Gott zeigen, dass wir keine Brücken brauchen.

Die Botschaft drang vor 2000 Jahren auch nicht zuerst zu den besinnlichen Tempelpriestern, die sich vor der Hektik da draußen zurückgezogen hatten, sondern zu Schwerarbeitern bei der Nachtschicht.

Schön ist das nicht, in Hektik und Stress, Unfrieden und Zerrissenheit zu leben. Aber gerade deshalb geschah ja Weihnachten. Mitten in diese Hektik hinein. Jesus sucht keine stille Nacht, sondern das verlorene Schaf.

Und das gibt uns nun wirklich viel Grund, tüchtig zu feiern. Ob mit oder ohne Hektik, mit oder ohne Weihnachtsplätzchen, Weihnachtsputz, Weihnachtsgans, Weihnachtsgeschenke. Diese vier Wochen und das ganze restliche Jahr!

Ich entlarve meine Sehnsucht danach, Weihnachtsidylle zu vermitteln, als das, was es ist: eine schöne Kindheitserinnerung, aber nicht lebens- und nicht glaubensnotwendig. Meine Mutter war unsterblich romantisch, ich bin es nicht. Wir haben abends um den Adventskranz gesessen und gesungen – ich will das nicht. Nicht mehr mit diesen halb erwachsenen Kindern. Sie hat Strohsterne mit uns gebastelt – ich hasse basteln. Sie hat unser Haus in Lametta gehüllt, ich verstreue etwas Stroh.

Was ich versuche, ohne es an die große Glocke zu hängen und Erwartungen zu wecken, die mich dann wieder unter Druck setzen, ist, mehr Zeit mit den Kindern zu verbringen, ein Fels in der Adventsbrandung zu sein, auch wenn ich mehr Arbeit habe. Präsent sein, die Krippenspielrollen der Kinder abhören, bei ihren Feiern applaudieren. Weihnachts-CDs anhören, die auch den Teens gefallen. Abends an ihren Betten sitzen und mit ihnen reden, vielleicht auch beten. Ein-, zweimal eine neue Geschichte aus einem Weihnachtsbuch vorlesen. Mich um die Geschenke kümmern – all das ist ja schon Mehrprogramm.

Mein Vorweihnachtsüberlebensprogramm lautet deshalb: Delegieren!

Andrea, meine Freundin, macht mir seit Jahren den schönsten Adventskranz, den ich mir denken kann. Ich liebe sie dafür und weiß jedes Mal aufs Neue: Sie liebt mich! Meine Mutter lädt angesichts meines Verzagens vor Weihnachtsplätzchen die Enkelkinder in Stoßtrupps zu sich ein und backt Nachmittage lang mit ihnen diese köstlichen Adventsbegleiter. Mein Vater besorgt mir seit Jahren einen Weihnachtsbaum. Anna bastelt gerne und verziert am ersten Advent das ganze Haus. Lena schmückt den Weihnachtsbaum. Meine Mutter lädt uns zum Essen am ersten Weihnachtsfeiertag ein. Mit den Schwiegereltern gehen wir am zweiten wandern und essen.

Die stille Nacht gehört uns ganz allein.

Gott ist unsretwegen klein geworden, um gerade den Kleinen nahe zu sein, denen, die ihm die leeren Hände entgegen strecken, um sich von ihm beschenken zu lassen.

VIKTOR JOSEF DAMMERTZ

Das Leben vor dem Tod

»Ab vierzig denkt man täglich einmal an den Tod!« Diesen Satz hörte ich neulich anlässlich eines runden Geburtstages einer Bekannten. Charmant fand ich das nicht.

Außerdem ist es bei mir anders: Seit ich denken kann, denke ich sowieso fast täglich daran, dass ich einmal sterben werde. Schon als kleines Kind. Diese Gewissheit, die ich heute nicht einmal mehr denken muss, ist mein ständiger Begleiter, ohne dass ich deswegen dauernd niedergedrückt wäre. Der mir aber doch hin und wieder einen heiligen Schreck versetzt. So wie ich mir, als ich schwanger war, zu jeder wachen und schlafenden Minute einfach darüber im Klaren war, was da auf mich zukam, dass unausweichlich die Stunde X näher rückte, dass es ein »Jetzt« der Geburt geben würde. Mein Ziel, ein Baby zu bekommen, gab mir die Nerven zum Durchhalten. Na ja, es gab eh kein Entrinnen ...

Mein Ziel, bei Gott für alle Zeiten anzukommen, gibt mir die Kraft, den Gedanken an den Tod zu ertragen. Ein Ziel, das diesem dunklen Tor fast etwas Anziehendes, Verheißungsvolles verleiht. Fast. Ich glaube wirklich, dass jenseits des Tores ein unbeschreibliches Leben auf mich wartet, ein spannendes Abenteuer, ein Neubeginn kosmischen Ausmaßes, Freude ohne Ende.

Doch obwohl mein Kopf weiß, dass alles auf der Welt seine Zeit hat, das Geborenwerden und das Sterben, tut mein Herz manchmal so, als sei ihm das völlig neu. Es hängt mit jeder Faser seines Seins am Leben. Aber damit bin ich wohl in guter Gesellschaft. Paulus schrieb: »Solange wir in unserem natürlichen Leib leben, fürchten wir uns vor dem Tod. Es wäre uns viel lieber, wir brauchten nicht zu sterben, sondern könnten einfach in das neue Leben überwechseln, damit alles Vergängliche vom Leben überwunden wird« (2. Kor. 5, 4). Genau!

Die Angst vor dem Tod war neben der Ehrfurcht vor dem Sternenhimmel das, was mich jagte, nach Gott zu suchen. Als Jesus mich in der Bibel fragte: »Ich bin die Auferstehung und das Leben. Wer an mich glaubt, der wird leben, selbst wenn er stirbt. Glaubst du das?« (Joh. 11, 26), entflammte in mir eine unauslöschbare Hoffnung, dass einmal alles gut werden würde. Sie ist bis heute geblieben. Ich bin immer noch fassungslos über das Wüten des Todes und kann den Sinn nicht sehen, aber tief unten auf dem Grunde meines Herzens gibt es jetzt ein Netz und einen doppelten Boden.

Wie Adrian Plass in einem Gedicht beschreibt, sehne auch ich mich danach, eines Tages mit Jesus auf einer Wiese zu sitzen, grashalmkauend, und mir von ihm alles erklären zu lassen. Aber solange bin ich erfüllt von »Erdenhoffnung«.

Der Tod ist immer noch grauenvoll für mich, aber zusammen mit Paulus blicke ich (mehr oder weniger tapfer) über meinen Tellerrand: »Wenn aber dieser vergängliche und sterbliche Leib unvergänglich und unsterblich geworden ist, dann erfüllt sich, was die Propheten vorausgesagt haben: Das Leben hat den Tod überwunden! Tod, wo ist dein Sieg? Tod, wo bleibt nun dein Schrecken?« (1. Kor. 15, 55).

Es gibt ein Leben nach der Umkehr zu Gott. Seit zu der Unausweichlichkeit des Sterbens das kraftvolle Bild eines neuen Lebens nach dem Tod dazugekommen ist, muss ich mich immer wieder fragen lassen: Inwieweit beeinflusst mein Ziel, die Ewigkeit bei Gott zu verbringen, meine Entscheidungen, mein Wollen, mein Tun? Ein großes Ziel anstreben heißt in kleinen Schritten denken, Tag für Tag buchstabieren, woran ich glaube.

Meinen Besitz mit Ärmeren zu teilen ohne die Angst, dadurch zu kurz zu kommen. Die Kassiererin darauf aufmerksam zu machen, dass sie sich zu meinen Gunsten verrechnet hat, auch wenn ich das Gefühl habe, das Zusatzbonbon hätte mir gut getan und dem Konzern nicht geschadet. Mich bei meiner stürmisch tobenden Tochter zu entschuldigen, wenn ich feststelle, dass ich ein Teil ihres Zorns bin. Auch wenn ich grundsätzlich im Recht bin. Mich bemühen, meine Streitkultur mit meinem Mann zu verbessern und jederzeit loyal zu ihm zu stehen. Sexualität (in der Ehe) nicht aus Bequemlichkeit aus dem Weg zu gehen. Nicht zu heucheln, um gute Stimmung zu machen. Bei der Wahrheit zu bleiben, auch wenn die Halbwahrheit lukrativer wirkt. Mich aus dem beliebten Tratschspiel »Ich red mit Zweiten über Dritte« auszuklinken und aktiv dagegen zu steuern.

Ein großes Ziel anzustreben bedeutet auch, Prioritäten zu setzen: von all den guten Möglichkeiten die eine richtige, die beste zu finden und viele andere gute Möglichkeiten zu streichen. Träume opfern, Anerkennung verlieren, Menschen enttäuschen. Gott treu bleiben.

Womit fülle ich meine Zeit? Dinge, mit denen ich mich intensiv beschäftige, nehmen Lebensraum ein, gewinnen Macht über mich. Bringen sie mich meinem Ziel entgegen? Oder rauben sie mir Kraft, vorwärts zu gehen, auf mein Ziel zu?

Nach und nach kann ich manche Lasten, die ich auf meiner Reise mitschleppe, abwerfen. Zu viel Verantwortung, die ich für Mitmenschen übernommen habe. Sorgen um die Zukunft meiner Ehe und meiner Kinder. Altes Versagen, das mir heute noch peinlich ist. Den Wunsch, alles unter Kontrolle zu haben. Die Vorstellung, immer attraktiv aussehen zu müssen.

Eins steht fest, dass ich alles vergessen will, was hinter mir liegt. Ich konzentriere mich nur noch auf das vor mir liegende Ziel. Mit aller Kraft laufe ich darauf zu, um den Siegespreis zu gewinnen, das Leben in Gottes Herrlichkeit.

PHILIPPER 3, 14

Mit meinem Gott über meine Angstmauern springen

Anna (15) kommt von der Schule und grinst siegessicher: »Heute hast du keine Chance und keine Ausrede!« Ich weiß sofort, was sie meint. Mir wird flau. Aber vielleicht hat sie Recht. Vielleicht sollte ich es endlich wagen. Ich habe zwar keine Sekunde daran gedacht, es heute zu tun, bei diesem plötzlich frühlingshaften Wetter ist mir eigentlich nach Liegestuhl. Aber vielleicht ist es sogar besser, wenn Anna mir beisteht als Werner. Ich habe Vertrauen zu meiner kleinen Großen. Ich könnte organisieren, dass Jan den Nachmittag zu einem Freund darf. Ich tue es. Wir fahren aus dem Dorf.

Seit einigen Wintermonaten haben wir ein großes schwarzes Pflegepferd – Chopper. Alle reitenden Mitglieder unserer Familie sind schon oft auf ihm geritten – nur ich nicht. Vielleicht denken sie längst, ich würde es nie mehr tun. Ich hatte meine Gründe – die Kälte, der Wind, die Zahnschmerzen, meine Periode, mangelnde Zeit – Angst. Eine Angst sagt mir, ich könnte es gar nicht erst schaffen, Chopper zur Reitanlage zu führen – er könnte sich aufbäumen, losreißen und in wildem Galopp davon stürmen, sich vor ein Auto stürzen. Die nächste Angst malt mir aus, dass ich zwar in der Reitanlage ankomme und im Sattel sitze, aber Chopper keinen Schritt mit mir geht, ich mich fürchterlich vor Werner und den Mädchen blamiere und mir selbst eingestehen muss, dass ich Null Talent habe.

Ich habe Angst vor der unberechenbaren Angst des Fluchttieres – eine Amsel könnte ihn durch zu schnelles Niederschweben erschrecken, eine Mücke ihn stechen und zum Durchgehen veranlassen, ein fernes Motorrad ihm den Verstand rauben, so dass er mich abwirft und ich mich verletze. Ich habe Angst vor meiner Angst.

Chopper begrüßt mich sanft schnaubend. Er kennt mich, ich bin die, die immer Möhren und Brot bringt. Zögernd putze ich mich warm, striegle sein staubiges Fell, räume seine Hufe aus, sattle und trense ihn zum ersten Mal selbst. Ich bemühe mich, selbstverständlich und gelassen zu wirken. Er glaubt mir. Sein Vertrauen geht auf mich über. Vorsichtig führe ich ihn den Weg zur Reitkoppel – es funktioniert! Anna geht hinter mir und stärkt mir den Rücken.

In der Koppel steige ich auf – und reite! Chopper gehorcht, reitet in die Richtung, in die ich will, hält an und wartet geduldig, als ich die Steigbügel noch mal verstelle, trabt bei der ersten Aufforderung zuverlässig an, beginnt zufrieden zu schnauben und erzählt mir, dass er sich wohl fühlt. Vögel, Mücken und Motorräder ignoriert er nonchalant. Die Bilder in meinem Kopf von einer Niederlage beim ersten Ritt, alle Vielleicht-kann-ich-nicht-Sätze verblassen. Chopper ist geduldig, ich entspanne mich und genieße die Ruhe. Irgendwann wage ich es, anzugaloppieren. Chopper gehorcht. Er tut es einfach! Er geht nicht durch, ich stürze nicht, sein Galopp ist weich und ruhig und ich ahne, dass der Sommer mit ihm wundervoll werden wird. Runde um Runde fliege ich. Ich bin glücklich. Später werde ich noch tagelang davon träumen.

Den Rest des Tages fühle ich mich seltsam klar und ausgeruht, zufrieden und voller Erwartung an das Leben. Ich habe das Gefühl, dass etwas Großes geschehen ist.

Okay, Bianka ist auf einem gutmütigen Pferd in einer umzäunten Koppel geritten und die Welt hat sich weiter gedreht – aber ich habe das Gefühl, als hätte ich selbst einen engen Stall verlassen, den Duft der großen weiten Welt gewittert, meinen Horizont erweitert.

Heute habe ich wirklich gelebt, mit meinem ganzen Fühlen, Denken und Sein. Ich habe eine Grenze überschritten, eine Angstgrenze, hinter der ich bisher aus Vorsicht verharrte. Meine Welt ist größer geworden!

Unbekanntes Terrain ist oft beängstigend. Ein Pionier braucht Mut, Kraft und einen wachen Geist. Seit ich mich auf das für mich so neue Gebiet des Reitens und den Umgang mit Pferden eingelassen habe, erlebe ich, dass Mut, Kraft und Wachheit bei mir zunehmen. Nicht stürmisch, aber kontinuierlich.

Ich stecke meine Zeltpflöcke weiter und Selbstvertrauen, Lebensfreude, Körpergefühl, seelische Zufriedenheit wachsen. Wenn ich anfange, meinen kleinen Lebensraum, den ich mir abgesteckt habe, das Gewohnte meines Lebens zu vergrößern, lasse ich auch Angst hinter mir.

Gott, der Grenzenlose, will uns neues Land geben. »Dieses ganze Land gebe ich euch. Ihr werdet sehen: Es liegt offen vor euch. Ihr braucht nur hineinzugehen und es einzunehmen« (5. Mose 1, 8). So einfach.

Er will uns aus unseren engen Verhältnissen befreien. »Gott sieht die Bedrängnis meiner Seele und stellt meine Füße auf weiten Raum« (Psalm 31, 9).

Gott will, dass wir leben, wachsen, wach sind: »Ich will ihnen ein anderes Herz und einen neuen Geist geben. Ich nehme das versteinerte Herz aus ihrer Brust und gebe ihnen ein lebendiges Herz« (Hesekiel 11, 19). Er will nicht, dass wir in unseren Angstmauern verharren.

Lange wartete ich
im Pferch auf deinen Besuch
Das Karree war mir eng
doch ich ertrug es
Der Wind blies schneidend aus dem Norden
doch ich hielt ihm stand
und setzte ihm mein Gesicht
unverwandt aus

Als das Grün längst aufgezehrt war
im Pferch im Quadrat
kam Gott
aus der anderen Richtung
Da war
weites Land
und ein Weg
und die Begegnung mit vielen
Luise Korte

Babyurlaub

Zwei Wochen lang campen zwischen niederländischen Rentnerehepaaren, deren Kinder nicht mehr mitreisen. Unsere reisen *noch* mit – und so fühlt es sich auch an. Wir sind in unserer Eltern-Kind-Beziehungskiste in eine neue Phase gerutscht (»getreten« wäre schöner gewesen, aber so feudal verlief das nicht). Drei Kinder über zehn, zwei davon pubertierende Mädchen. Wie jede massive Lebensänderung geht auch das nicht ohne Krisen ab.

Meine Krise heißt »Loslassen« und mittendrin in diesem Prozess erkenne ich, was für einen wertvollen Schatz ich da im Begriff bin zu »verlieren«. Albträume, Opfer, Streit, Versöhnung, Liebe, Stolz, Fragen, Diskussionen, Rücksicht nehmen bestimmen mehr als gewohnt unseren Alltag.

Am Ende sind wir nicht mehr an der gleichen Stelle. Unsere Älteste hat sich einen großen Schritt von uns entfernt, im Kopf und in der Wirklichkeit. Nachdem sie uns zwei Wochen geballt ertragen musste, ist ihr eins klar geworden: Beim nächsten Urlaub fährt sie nur noch unter gewissen Bedingungen mit. Bisher hatte sie sich immer vorbehaltlos auf den gemeinsamen Urlaub gefreut ...

Der Urlaub fühlt sich an wie zu Kleinkindzeiten, was die gemeinsamen Beschäftigungen betrifft: Kartenspiele und Lagegespräche bis 23 Uhr sind die Regel. Aber das ist okay, weil wir morgens erst um neun Uhr aufwachen – und das auch nur, weil es sonst keine Brötchen mehr gibt.

Eines Morgens aber erwache ich ungewohnt früh um halb sieben. Über uns, akustisch »günstig«, hat ein junges Ehepaar sein Zelt aufgeschlagen. Ein Baby und ein Kleinkind schreien, krakeelen, jodeln, lachen, quietschen ununterbrochen in Frequenzen, die ich nicht mehr gewohnt bin. Im Halbschlaf empfinde ich den Lärm als Zumutung. Ich wundere mich über die Fröhlichkeit und Geduld der Eltern, die kaum weniger leise kichern, singen, trösten.

Ich frage mich, woher sie die Kraft nehmen, ich würde mich spontan dazu außerstande fühlen. Vielleicht haben ihre Kids besser geschlafen als befürchtet und die Alten sind schon dankbar über einige kurze Stunden Schlaf am Stück. Als ich seufzend und leicht verstimmt aufstehe zu dem morgendlichen Kraftakt, Brötchen bei der Bäckerei oben auf dem Hügel zu holen, sehe ich die junge Familie vor ihrem Zelt. Morgentoilette und Frühstücksschlacht schon erfolgreich bewältigt, die Kids marmeladenverschmiert mit schon wieder reichlich schwerlastigen Windelpopos.

Die Szene sieht aus wie ein Werbespot für Margarine. Vater und Mutter jung, schön und fröhlich. Aber ich lasse mich nicht blenden. Mein Gedächtnis funktioniert noch und ich weiß, was ich mir geschworen habe nach meinem ersten Urlaub im Zelt mit unserem ersten Baby: Nie wieder Zelten mit einem Kind unter zwei. Mir wird wieder bewusst, was für eine Belastungsprobe dieser Rollenwechsel in die Eltern-Verantwortung für eine junge Partnerschaft bedeutet. Fünfzehn Jahre alte Szenen tauchen vor meinem inneren Auge auf.

Was ich in der nächsten Zeit von unseren Zeltplatznachbarn mitbekomme, kommt mir sehr bekannt vor: Das Paar hat kaum Zeit füreinander, muss statt Romantik Teamgeist zeigen und ist zu zweit voll damit beschäftigt, die Ausnahmesituation »Camping« zu bewältigen (»Urlaub« kann man das noch nicht nennen ...).

Wie kann eine noch nicht »eheerfahrene« Liebe eigentlich solch einen Klimawechsel überleben? Ich weiß noch gut, welche Arbeit in dieser Krisenbewältigung steckt.

Während die Erinnerungen an unsere Babyzeit wieder vor meinem inneren Auge auftauchen, wird mir plötzlich bewusst, dass ich bereits lernen muss, meine Babys wieder loszulassen.

Und dann kriege ich die Kurve und ich erkenne: Bis hierher hat Gott uns schon gebracht! Wir sind damals heil aus dieser heißen Phase rausgekommen und Gott will uns als »Alteltern« auch heute genug Kraft geben, in diesem letzten Spießrutenlaufen den Atem nicht zu verlieren. Gott ist immer noch derselbe, er kann uns auch heute noch durch Krisen helfen.

Wir haben unsere Beziehung auf Jesus gebaut und dieses Fundament hat getragen. Warum zaudere ich heute? Wenn wir »Aller Anfang ist schwer« überlebt haben, werden wir mit demselben Treibstoff auch noch den Endspurt schaffen. Und meine Angst, dass wir uns als Übrigbleibende ohne die mittlerweile gewohnte Herausforderung miteinander langweilen könnten ist höchstwahrscheinlich unbegründet. Gott wird uns wieder als Paar zusammenfügen, wie wir es vor den Kindern bereits waren – wenn auch gereift, jedenfalls verändert.

Gott ist für Familie, für Ehe, für Liebe. Er hat nicht gesagt, dass es leicht wird oder dass es nicht weh tut, aber er gibt uns eine Zutat, die uns die Zumutungen des Familienlebens tragen lässt und schleift mit weichem Wasser über lange Zeit an uns harten Brocken Geduld und Liebe hervor. Loslassen – nicht mehr der Dreh- und Angelpunkt der Dinge zu sein, sondern »meinen« Kindern immer mehr erlauben, ihr Leben selbst in die Hand zu nehmen.

Gewinnen durch Loslassen – werde ich das am Ende unter dieses Kapitel meines Lebens schreiben können?

Gelassenheit ist die Kunst, in der gegenwärtigen Situation schon den Abstand zu gewinnen, den sonst erst die Zeit schafft.

H. J. ECKSTEIN

Augenblick mal!

Ich sitze in meinem Arbeitszimmer, das gegen Norden liegt, und schreibe und schreibe. Draußen scheint die Septembersonne. Aber die nehme ich kaum wahr, eher den Berg Hausarbeit, der sich hinter mir auftürmt und zwischen mir und dem Besuch heute Abend steht.

Erst als Anna nach Hause kommt und sich seufzend ins Gras sinken lässt, sehe ich, wie wundervoll es draußen ist. Ausgestreckt liegt sie da, und ich bin sicher, dass jeder Zentimeter ihres luftig bekleideten lebensfrohen Körpers jeden einzelnen feuchtfröhlichen Grashalm unter sich spürt.

Ich sehe ihre Zufriedenheit, ich spüre nun auch die Einladung, ich weiß, dass der Sommer zu Ende geht. Dennoch versorge ich erst noch die Wäsche, erledige Anrufe, reinige den Backofen. Bis ich rauskomme, liegt der Garten im Schatten und die Sonne ist zu anderen Menschen gewandert, ihre Einladung unaufdringlich wiederholend.

Ich stehe draußen wie bestellt und nicht abgeholt und habe das Gefühl, mit der Sonne auch das Leben verpasst zu haben. Konnte ich nicht einen Augenblick innehalten?

Es gibt Versäumnisse, die nur mich etwas kosten. Die Einladung des Grases, der ich nicht gefolgt bin, zum Beispiel. Mein Problem. Mein Leben.

Du musst das Leben nicht verstehen,
dann wird es werden wie ein Fest.

Und lass dir jeden Tag geschehen,
so wie ein Kind im Weitergehen
von jedem Wehen sich Blüten schenken lässt.
Rainer Maria Rilke

Folge ich den Einladungen des Lebens, an seinem Fest teilzunehmen oder bleibe ich außen vor? Was klage ich über Hektik oder Überforderung, wenn ich Gottes Aufforderung zum Feiern ablehne? Gefüllte Zeit ist nicht gleichbedeutend mit erfüllter Zeit. Ich bin nicht wichtig durch mein Tun, ich kann auch lassen, träumen, mich bescheiden. Kann ich?

Ich schaffe mir meine Welt selbst, sie ist so, wie ich bin. Hektisch, wenn ich nie innehalte. Überfrachtet, wenn ich nicht Nein sagen kann. Armselig, wenn ich die Lebensfeste nicht feiere, wie sie fallen. Fröhlich, bunt, im Gleichgewicht, wenn ich dem Leben immer wieder in die Augen blicke, selbstverständlich, spontan und dankbar wie ein Kind.

Anna in der Sonne – Privileg des Kindes, dass es die Einladungen wach vernimmt und keine Hindernisse kennt. Wann nur ging mir das verloren? Aber ich brauche nicht zu resignieren. Zu uns Erwachsenen hat Aurelius Augustinus gesagt: »Ringen wir mit der Zeit, gestalten wir sie! Und aus allen Zeiten werden heilige Zeiten.«

Ich bin es, die dem Überfluss, der dem Leben im Weg steht, Grenzen setzen kann. Ich bin es, die festlegt, wem meine Zeit und meine Liebe gehören. Ich bin es, die langsamer gehen muss, wenn die Schritte zu hasten beginnen, die die Stille suchen muss, wenn die Seele dem Leben nicht mehr hinterher kommt. Nur ich selbst kann mir erlauben, Ruhepausen zu machen in der Verwirrung des Tages: Minutenurlaube mit Musik, Lesen, Spazieren, Hund – und Sonne.

Ich will nicht der Versuchung erliegen, jeden Augenblick meines Lebens fruchtbar verbringen zu müssen. Ich habe ja nichts außer Augenblicken. Sie zu gestalten will ich weiter lernen. Ich will dem Kind in mir erlauben, Augenblicke in die

Hand zu nehmen und zu verschleudern: spontan, fröhlich, zweckfrei. Picasso ging es wohl wie mir, als ihm dämmerte: »Es dauert lange, bis man jung geworden ist.«

Aber ich habe keinen Grund zu klagen. Schließlich bin ich kein Opfer – ich bin Chef. Ich bin verantwortlich dafür, auf meinen Tag zu achten, den Baustein meines Lebens. Leben ereignet sich nicht im Gestern und nicht im Morgen, Leben ist das, was im Jetzt geschieht. In der Wirklichkeit des Augenblicks.

Jeden Tag gibt Gott mir Licht für meine Seele, Boden unter meinen Füßen, Kraft für meine Arbeit, Worte für mein Herz, Zärtlichkeit für meine Seele, neues Vertrauen. Duft, Essen, Blumen und Musik, Musik.

Ich will Sonne auf der Haut fühlen. Den Wind im Gesicht. Regen. Der Erde nah sein. Käfer sehen. Warme, erdige Luft riechen. Den Vögeln zuhören. Schmetterlingen beim Tanzen zusehen. Den Geschmack der ersten Erdbeere kosten. Dem Leben in die Augen blicken. Hinter allem Gott wissen.

Ich will ein Ja haben zu all meinen Augenblicken. Zu denen, in die ich Fleiß investiere. Zu denen, die ich aus Liebe einem Menschen schenke. Und zu denen, die mir das Leben als Fest anbietet. Ich möchte mein Leben nicht einfach verstreichen lassen. Morgen liege ich in der Sonne.

Was uns bleibt von unserem Lebensfleiß,
ist nicht die Arbeit, nicht der Lohn, die Mühe
und der Schweiß.
Die Liebe bleibt, was wir aus Liebe tun, das bleibt bestehn,
auch wenn es still geschieht und ungesehn,
wenn es nur Liebe ist, die uns hier treibt. Die Liebe bleibt.

Manfred Siebald

Der Sturm im Wasserglas

Wieder sind wir durch einen scheinbar harmlosen Anlass in einen verletzenden Streit gerutscht. Der Sonntag ist verdorben, vergeudet, weggeworfen. Werner schläft resigniert. Stundenlang. Ich weine, stundenlang. Gerade heute hätte ich Nähe und Zärtlichkeit besonders gebraucht, gerade heute kann ich schlecht mit Zurückweisung umgehen. Ich fühle mich missverstanden, allein gelassen, verletzt. Manchmal erscheinen mir Sprache, Ausdruck, Erleben und Sein von Mann und Frau schier unüberwindlich.

Meist kriegen wir die Kurve vor Sonnenuntergang. Diesmal nicht. Ich will nicht reden. Ich will mich nicht erklären, erwarte von meinem Geliebten, dass er mich kennt, meine Not erkennt, darauf reagiert. Allein weine ich mich in den Schlaf, lasse die Chance zur Versöhnung verstreichen.

Am nächsten Tag schreibe ich mir meinen Schmerz von der Seele. Mitten im Sturm geht Nachdenken bei mir nur noch schriftlich. Wenn meine Gefühle überborden, ist es gut, erst mal auf Distanz zu gehen, um nachzudenken, zu sortieren, manchmal auch zu trauern, statt gleich zu reagieren.

Wenn ich dann wieder mit Werner zusammen komme, bin ich ruhiger, kann Wesentlicheres sagen und freier zuhören. Weil wir immer wieder in Streitsituationen reinschlittern, mit denen ich nicht gerechnet habe, führe ich für einige Zeit eine Art »Streit-Tagebuch«. Ich versuche, den Anlass eines Streits herauszufinden, den Punkt zu finden, wo er eskaliert ist und meine bzw. Werners Gefühle zu entziffern.

Allmählich zeigen sich erste rote Fäden, Gefahrenzonen, Empfindlichkeiten. Das macht mich wacher. Ich entdecke, dass manche Themen sich nicht lohnen und vermeidbar sind – und dass wir andere angehen müssten. Diesmal mache ich eine spannende Entdeckung:

Werner zeigt Profil. Zum Beispiel, wenn es darum geht, seine Bedürfnisse zu nennen.

Er ist der Ich-weiß-was-ich-will-Typ. Mich quält es regelrecht, wenn ich klar sagen soll, was ich möchte. Ich bin eher der Ich-will-es-allen-recht-machen-Typ. Das sind nicht die besonders netten, sondern die besonders entscheidungsträgen und konfliktscheuen Menschen. Eine unserer Ehe-Fallen besteht darin, dass ich lieber versuche herauszufinden, was Werner möchte, als zu artikulieren, was ich mir wünsche. Wenn dann nicht Dankbarkeit und Gegenleistung in Form von ähnlichem Zuvorkommen und Wünsche-Erraten folgen, bin ich enttäuscht und verletzt. Das ist kindisch, aber es ist die Wahrheit.

Wahrhaftigkeit schließt die Bereitschaft zum Konflikt ein. Aber ausgerechnet in meiner wichtigsten Beziehung fällt mir das am schwersten, sind mein Harmoniebedürfnis, mein Wunsch nach Anerkennung und meine Verlustangst am größten. Ich will bereit sein, Farbe zu bekennen, Bedürfnisse zu äußern, glücklich sein zu *wollen*, notfalls auch anzuecken. Daran übe ich jetzt, und es fällt mir nicht in den Schoß. Ich bin bereits auf der anderen Seite vom Pferd gefallen ...

Ich werde nie begreifen, wie schnell und unvorhersehbar wir zwischen enger Vertrautheit und großer Fremdheit pendeln. Wenige Worte, kleine Gesten genügen, um unsere Geborgenheit ins Wanken zu bringen.

Streit macht mir Angst. Seine Unberechenbarkeit, seine Tendenz, zu eskalieren, die Distanz, die er hervorruft, die Wucht der Gefühle und die Einsamkeit, die folgt – Streit ist schockierend.

Aber langsam lerne ich: Streit ist nicht nur negativ. Wenn ich mich ärgere, habe ich auch den Mut, Dinge auszusprechen, die ich vorher nicht zu sagen gewagt hätte. Wenn ich herausfinde, was meine Bedürfnisse sind, kann ich versuchen, diese angstfrei zu erstreiten.

Als ich mich mit Werner verbündete, war ich blutjung. Ich wusste noch nicht, wie elementar Kommunikation für das Zusammenleben ist und war sehr ungeschickt darin. Ich lerne heute noch.

Früher bin ich beim ersten Anflug von Disharmonie geflohen. Heute habe ich immer noch diesen Impuls, aber ich halte eher aus und arbeite. Ich habe erlebt, dass es sich lohnt. Also reden wir ... manchmal habe ich, obwohl es unsere Rettung ist, das ewige Reden satt. Dennoch erlebe ich, dass Beziehung nur an der Art wächst, wie wir mit Konflikten umgehen. Je mehr ich meine Masken fallen lasse, je transparenter ich bin, desto klarer und tiefer werden meine Beziehungen. Und noch vor dem Reden kommt das Zuhören mit Ohr und Herz.

Das gilt ebenso in der Beziehung zu Gott. Auch das habe ich nicht von Anfang an gewusst. Kommunikation mit Gott darf ganz schlicht sein wie in einer guten Beziehung. Ich muss keine Formen abbeten, ich rede mit Gott, wie mir der Schnabel gewachsen ist und versuche zu hören, ob er mir etwas sagen will. Seit ich herausgefunden habe, dass ich mit Gott wirklich sinnvoll kommunizieren kann, mache ich aufregende, tiefgreifende Erfahrungen.

Wenn ich auf sein Handeln achte, sehe ich, dass er ein interaktiver Gott ist. Ich spüre, dass ich nicht allein bin, auch nicht in Situationen, wo Menschen nicht mehr mitgehen können. Ich habe ein großes Gegenüber, das Interesse daran hat, sich einzumischen, das gibt Kraft.

Streitet nicht miteinander, und seid bereit, einander zu vergeben, selbst wenn ihr glaubt, im Recht zu sein. Denn auch Christus hat euch vergeben. Das Wichtigste ist die Liebe. Wenn ihr sie habt, wird euch nichts fehlen.

KOLOSSER 3,13

Irritierender Erstkontakt

Eine Frau kommt zum ersten Mal in die Gemeinde. Als freundlicher Mensch gehe ich auf sie zu, damit sie sich willkommen fühlt. Sie freut sich. Ich freue mich, dass sie mich als freundlichen Menschen erlebt. Ein gutes Gefühl.

Sie kennt mich bereits, indirekt. Arbeitskolleginnen haben ihr von mir erzählt. Ich wirke arrogant. Grüße selten. Würde nicht mit jedem reden. Man habe den Eindruck, ich würde mich für etwas Besseres halten. Da sie jetzt einen anderen Eindruck von mir habe, wolle sie mir das nur mal als Hilfe sagen. Ein irritierender Erstkontakt ...

Ihre Worte berühren mich unangenehm und ich merke, wie ich beginne, mich empört zu verteidigen. Doch, schreit das Mädchen in mir, ich bin lieb! Ich bin überhaaauupt nicht arrogant! Und wenn ich jemanden nicht grüße, dann doch nur, weil ich ihn, geistig abwesend vielleicht, nicht wahrgenommen habe! Ich würde doch sofort jeden grüßen, den ich kenne! Und von mir aus auch noch alle, die ich nicht kenne und die freundlich zu mir sind! Hilfe, habt mich doch bitte alle lieb!

Klappe, die zweite: Ich scherze mit Melanie, einer Frau aus der Gemeinde, die mir angenehm ist, ohne dass ich privat Kontakt zu ihr habe. Sie freut sich und spricht mich später an: »Das war lustig, dass du mich heute morgen so persönlich begrüßt hast. Wo ich gestern noch zu Elisabeth gesagt habe, du seiest eine Frau, die über andere hinwegsieht. Ich habe dich immer für arrogant gehalten.«

Meine Sehnsucht danach, alle Menschen mögen mich nett finden, wird immer wieder enttäuscht. Der Eindruck, den diese Frauen von mir haben, ist völlig falsch – ich bin nicht arrogant! Ich bin nett!! Oder? Arrogant?!? Ich?? Ein Vorwurf, den ich noch aus meiner Teenagerzeit kenne, als ich, innerlich die blanke Unsicherheit, äußerlich die verkörperte Sicherheit, mühsam erhobenen Hauptes durch die Schulhallen wandelte.

Dritte Szene. Ich steige nach einer langen Bahnfahrt aus dem Zug. Bis zur Sitzung habe ich noch dreißig Minuten Zeit. In meinem Kopf sind genau zwei Gedanken: »Bratwurst oder Pizza aus der Hand?« und »Bus oder Straßenbahn?«. Da höre ich in der fremden Stadt meinen Namen. Blind bin ich an zwei Bekannten mit demselben Ziel vorbeigespurtet. Sie nehmen mich mit dem Auto mit, wodurch sich beide Fragen auf einmal geklärt haben ...

Aber mir ist peinlich, dass ich mal wieder die Leute nicht gesehen habe. Sensibilisiert durch das Gespräch in der Gemeinde erkläre ich mich: »Man wirft mir immer wieder Arroganz vor, wenn ich jemanden nicht grüße, aber ich sehe die Leute wirklich nicht! Ich bin nicht arrogant, sondern blind!« Der Fahrer grinst: »Jaja, das sagen alle arroganten Leute!« Der war gut und ich lache – aber der Satz bleibt hängen.

»Arrogant – anmaßend, dünkelhaft, überheblich, eingebildet«, lese ich später im Lexikon.

Was, wenn ich doch arrogant wäre? An anderen Orten, jenseits aller Betriebsblindheit? Schlimmer? Unsichtbarer und besser getarnt?

So, dass keiner etwas davon ahnt?

Überhebe ich mich nicht oft über eine andere, ohne mir dessen bewusst zu sein? Bilde ich mir nicht immer wieder ein, *so* ein Verhalten könne mir nicht passieren? Jedes Urteil, das ich mir anmaße – ist es nicht anmaßend? Sie redet mir zu schrill, er achtet mir zu sehr auf seinen Vorteil, sie könnte etwas mehr auf ihr Äußeres achten ...

Maße ich mir nicht immer wieder an, in solche Tiefen wie der andere da nie zu stürzen? Wie schnell wird ein Geschenk als Eigenleistung betrachtet und der Verdienst, der Gott zusteht, auf die eigene Kappe genommen – das Glück in der Ehe, ist nicht viel Gnade und Bewahrung dabei? Die körperliche, geistige und seelische Gesundheit, ist sie Verdienst oder Ergebnis günstiger Umstände? Die Schulbildung, die zum erfolgreichen Beruf verhalf, wäre sie auch bei ungünstigeren familiären Umständen möglich gewesen?

Und was wäre dann das Gegenteil von Arroganz? Demut? Dankbarkeit? Bei sich bleiben mit seinem Urteil? Freundliche Bescheidenheit?

Dennoch kann es ein Unterschied sein, arrogant zu sein oder arrogant zu wirken. Als Mädchen habe ich gelernt, immer freundlich zu sein, nicht nein zu sagen, wenn jemand höflich fragt, immer großzügig zu sein. Heute weiß ich: Ich darf auch Erwartungen enttäuschen. Ich möchte nicht arrogant sein. Aber es gibt Situationen, in denen ich das Risiko in Kauf nehme, arrogant zu wirken.

Manchmal ahne ich, dass mich dieses Urteil treffen wird, wenn ich mich abgrenze, mich nicht in der Weise verhalte, wie andere das von mir wünschen. Gerade weil ich dazu neige, gefallen zu wollen, muss ich manchmal eine Grenze ziehen zwischen mir und den Anforderungen und Bedürfnissen anderer. Das fällt mir nicht leicht und kommt auch nicht immer so elegant rüber.

Dennoch – wir dürfen entscheiden, wann wir unseren Mitmenschen freien Zutritt zu unserem Inneren gewähren – und wann wir die Tür schließen. Wenn ich anderen Tag und Nacht erlaube, in meinem Innersten aus- und einzugehen, wie es ihnen gefällt, verliere ich meine innere Heimat, fühle ich mich benutzt. Wer kommt und geht, nimmt oft etwas mit. Bald bin ich leer. Es muss Zeiten geben dürfen, in denen wir die Tür geschlossen lassen, in denen wir allein mit uns sind oder nur mit denen innere Gemeinschaft haben, die uns sehr nah sind.

Manchmal schütze ich mich, um mich nicht vereinnahmen zu lassen, um mein Gleichgewicht zu wahren. Vielleicht wirke ich auf diejenigen, die vor dieser Grenze stehen, abweisend und gefühllos. Ich bin eine Zwiebel – unter meiner äußersten Schale verberge ich meine dünnen Häute.

Hinter die Fassaden sehen – Gott kann das. Bei ihm bin ich auf der sicheren Seite. Er sagt:

Für die Menschen ist wichtig, was sie mit den Augen wahrnehmen können; ich dagegen schaue jedem Menschen ins Herz.

1. Samuel 16,7

Meiner Zeit mehr Leben geben

Mein Tag läuft wie am Schnürchen. Keine falsche Bewegung, dann sollte alles hinhauen, was ich mir vorgenommen habe. Das Telefon! Wer stört? Leicht kurzatmig werfe ich mich mit einem Hechtbagger drauf, um die lästige Unterbrechung so schnell wie möglich abzuwürgen. Ein Redakteur fragt an, ob ich ein kleines persönliches Statement schreiben kann darüber, wie ich meine innere Balance bewahre. Fünf bis acht Sätze darüber, wie ich mein Leben im Gleichgewicht führe. Er bräuchte die Antwort bitte bis Montag.

Ich höre »klein«, das Thema kommt mir bekannt vor, ich versuche zu denken und höre mich Ja sagen. Gesagt, getan springe ich immer wieder an den PC, sobald ein Gedanke zu dem Thema kommt. Es sollte ja kein Problem sein, so ein kleines Statement zu so vertrautem Feld auch noch zwischendurch zu erledigen. Als der Tag zu Ende geht, liege ich auf dem Sofa und heule, nicht mehr ansprechbar für irgendwelche Nächsten. Überforderungszusammenbruch – kommt hin und wieder vor ...

Ich bin tagaktiv, spontan, vielschichtig. Oft sind meine Wünsche, Bedürfnisse und Aufgaben zahlreicher als meine Möglichkeiten. Vom Instinkt her neige ich dazu, Pausen-los immer weiter zu arbeiten, um Berge abzutragen. Die Ironie, dass ausgerechnet die Anfrage nach meiner Balance mich aus dem Gleichgewicht bringt, fordert mich neu heraus, darüber nachzudenken, wie ich es wahren kann.

Was hilft mir, im Trubel immer wieder meine Mitte zu finden? Wie kann ich es langfristig schaffen, abends noch so ausgeglichen zu sein, dass ich noch geben kann, damit Werner und die Kids ihre Balance auch wieder finden? Vieles weiß ich längst, vieles vergesse ich auch immer wieder. Balance bleibt für mich eine Herausforderung. Aber es gibt kleine Oasen in meinem Leben:

Oasenzeiten: Morgens zum Beispiel, wenn die Karawane satt und bepackt weiterzieht, frühstücke ich in Ruhe. Dampfender Kakao, gute Lektüre, Tagebuch. Dass die Kinder größer sind, hat seine Vorteile. Jede Durststrecke geht vorüber. Ich musste erst 33 werden, bis ich in diesen Genuss kam. Nicht jeder Tag beginnt dann mit der Zwiesprache mit Gott, aber die es tun, sind gute Tage.

Minutenurlaube: Bei mir spielt sich viel im Kopf ab. Umso mehr brauche ich sinnliche Pausen, die mich wieder auf den Boden stellen, meiner Seele helfen, hinter all den Eindrücken herzukommen. Ich muss immer wieder das Haus verlassen, unter freien Himmel treten, Minutenurlaube machen. Bewusst verlege ich Aufgaben nach draußen. Unsere Tiere zu versorgen tut mir gut. Ich arbeite gern im Garten und auf unserem Gemüseacker. Ich liebe es, mit dem Hund rauszugehen, zu sehen, was das Wetter und die Jahreszeit machen. Mit Tieren umzugehen hat etwas Ausschließliches. Danach kann ich wieder loslegen.

Etwas Ordnung: Da ich spontan bis chaotisch bin, brauche ich ein gewisses Maß an Struktur um mich herum. Wobei mir eine funktionale Ordnung mit Wohlfühlcharakter genügt. Hausarbeit gehört nicht zu meinen Leidenschaften. Ordnung soll dienen, nicht herrschen. Es kommt mir allmählich zugute, dass ich (mühsam, aber engagiert) gelernt habe, Haushalt so zu strukturieren, dass die Kinder und ich ihn mit möglichst geringem Aufwand am Laufen halten können. Es tut gut, diese Arbeit auf viele Schultern zu verteilen.

Verzichtbarkeit: Verzichten können ist auch ein Geheimtipp. Sobald ich auf das Risiko hin, nicht mehr so wichtig zu sein, den Drang loslasse, alles gestalten und kontrollieren zu wollen, gewinne ich Ruhe (und die anderen Spielraum für ihre eigene Entwicklung). »Sich überflüssig machen ist der Ruhm aller Großen«, sagte Nietzsche.

Rückzug: Und unerreichbar sein! Nur Sklaven sind immer und überall erreichbar. Der wahre Freie nur per Flaschenpost. Ich kann mir nicht uneingeschränkt Kontakte leisten. Ich konzentriere mich auf die Menschen, die mir am nächsten stehen, auf Menschen, die mir nah stehen, und auf Menschen, die Gott mir in den Weg stellt. Ich will ertragen, überflüssig zu sein.

Prioritäten: Auswählen, was liegen bleibt. »First things first!« – Die wichtigen Dinge zuerst! Leicht ist es nicht, langsamer zu leben in dieser schnelllebigen Zeit. Wenn ich nachhaltig versuche, Unnötiges loszuwerden, erlangt das Nötige an Bedeutung. Schält sich heraus, was unbedingt zu meinem Leben dazu gehört. Das ist eine meiner schwierigsten Disziplinen. Immer wieder neu zu entscheiden, worauf ich verzichte. Worauf ich mich konzentriere. Neben der Pflicht bleibt so wenig Zeit für die »Kür«. Die will ich wirklich nutzen.

Schreiben: Zum Verarbeiten. Und um den Überblick zu bekommen – z.B. über Themen wie innere Balance ...

Erwartungsvoll beten: Weil ich nicht alles beim Alten lassen will, bete ich und erwarte das Eingreifen Gottes. »Wie, Himmel noch mal, werde ich eine neue Kreatur?!« Den Heiligen Geist um Veränderung und Heilung bitten. Den Preis dafür bezahlen ...

Gehört jemand zu Christus, dann ist er ein neuer Mensch.
Was vorher war, ist vergangen, etwas Neues hat begonnen.
2. Korinther 5,17

Wahlfreiheit

»Wie geht es dir?«, fragen mich Menschen neuerdings mit einem kurzen Seitenblick. Tja, wie geht es mir?

Irgendwann fällt mir auf, dass ich immer denselben Gedanken habe bei dieser Frage. Schlecht, denke ich, mir geht es schlecht, ich hatte im Januar Schilddrüsenkrebs. Dann denke ich noch: Die Ärzte sagen, es könnte überstanden sein. Ich soll aber unbedingt jede Nachsorgeuntersuchung wahrnehmen. Und fühle dumpfes Selbstmitleid.

Zeit heilt Wunden, denke ich, ich brauche noch Zeit. Eigentlich geht es mir ja jetzt gut. Ein »Zufallsbefund«. Ich hatte vorher keine Beschwerden und komme wieder gut auf die Beine. Beim nächsten Mal versuche ich, mir auf die Schliche zu kommen, den Automatismus zu durchbrechen. »Eigentlich geht es mir gut«, höre ich mich sagen und das bleibt das Größte, was mir über die Lippen kommt. Und klingt noch nicht einmal überzeugend.

Früher sagte ich immer fröhlich »Gut!« auf die Frage nach meinem Befinden, so überzeugt, dass manche genervt waren und nicht mehr fragten. Ich habe es satt. Ich möchte nicht mehr denken, dass es mir schlecht geht. Es geht mir doch gar nicht schlecht. Verändert halt, aber im Vergleich zu Januar um Welten besser. Okay, ich wurde verletzt, aber ich habe doch auch viel gelernt. Bin Gott nah gekommen. Ich bete um ein neues Lebensgefühl. Um Heilung meiner Seele.

Zunächst ändert sich nichts. Eines Tages verlasse ich die Buchhandlung. Der Morgen war ziemlich widerlich, Weihnachtsrummel und der Computer ausgefallen. Wir mussten von jeder Ware das Etikett abziehen und mit dem Taschenrechner zusammenrechnen. Bescheuert und anstrengend. Typisch: Jedes Jahr zu Weihnachten Probleme. Komisch eigentlich ...

Vor dem Laden treffe ich eine alte Lehrerin. Sie freut sich und fragt: »Bianka! Wie geht es dir?« Es scheint sie wirklich zu interessieren. Schlecht, denke ich, ich hatte Krebs im Januar und der Computer ist kaputt. »Mal so, mal so«, sage ich. Und denke, dass ich doch bescheuert bin, jetzt habe ich es wieder getan. Da hakt sie nach: »Konntest du einen Teil deiner Lebensträume verwirklichen?«

Wie vom Blitz getroffen stehe ich da. Ja, denke ich sofort, ja! Mir fällt Werner ein, meine drei Kinder, die Pferde. Dann das Schreiben, der Laden, Gott. Ja! Ich konnte einen großen Teil meiner Lebensträume verwirklichen! Ich strahle sie an.

Tage später geht mir ihre Frage noch durch den Sinn, und immer mehr ist mir, als hätte Gott selbst zu mir gesprochen.

Etwas ist verändert. Ich fange an zu üben. Wenn mich jemand fragt, wie es mir geht, denke ich: Ich konnte meine wichtigsten Lebensträume verwirklichen! Dann fällt mir ein: Im Januar hatte ich aber Krebs ...

Dann »fällt mir ein Buch zu«. Ich lese Reiner Wäldes Tagebuch »Bis zur Tür des Himmels« über die letzten 300 Tage im Leben seiner an Krebs verstorbenen Frau Bettina. Sie hatte von der Diagnose an noch zehn Monate zu leben. Monate voller Leid und Kampf. Nach der Lektüre fange ich an zu rechnen:

Wenn bei mir nicht Papilläres Schilddrüsenkarzinom im Frühstadium erkannt worden wäre, sondern wie bei Bettina damals Morbus Hodgkin im fortgeschrittenen Stadium, dann würde ich genau jetzt im Sterben liegen, nach Monaten belastender Therapien, ohne Vorwarnung.

Neben all dem Unaussprechlichen, das ich beim Lesen dieses sehr berührenden, ehrlichen Buches lerne, verstehe ich dies: Es geht mir gut! Objektiv und subjektiv gut. Dankbarkeit breitet sich in mir aus für jeden einzelnen guten Tag mit diesem Mann, mit diesen Kindern, diesen Tieren ...

Ich dachte, 40 werden immer nur die anderen. Jetzt bin ich 41 und Gott hat mich auf ganz besondere Weise bewahrt. Vielleicht hat er noch viele Jahre für mich. Die möchte ich dankbar aus seiner Hand nehmen.

Gestern kam ein Weihnachtsrundbrief aus Afrika. Eine dominikanische Schwester, Freundin meiner geliebten Tante, durch die ich gläubig geworden bin, hat mich auf ihren Verteiler gesetzt. Zimbabwe entwickelt sich seit Jahren dramatisch zurück zum Hungerland, dessen Infrastruktur mittlerweile weitgehend zerstört ist. Sie schreibt:

»Noch geht es uns einigermaßen gut, auch wenn der Gürtel enger geschnallt werden muss. Wir haben ein Dach über dem Kopf und gehören noch nicht zu den sechs Millionen, die erbarmungslos dem Hungertod ausgesetzt sind. Wir sind glücklich und haben Mut und Hoffnung nicht aufgegeben.

Eure Kinder sind nicht eure Kinder

»Sie sind die Söhne und Töchter der Sehnsucht des Lebens nach sich selber. Obwohl sie mit euch sind, gehören sie euch doch nicht.« Diese Worte von Khalil Gibran stehen auf der ersten Seite meines Tagebuchs über Anna, meinem ersten Kind. Ich wusste schon immer, dass sie wahr sind.

Heute ist mein Baby siebzehn und beginnt sein freiwilliges soziales Jahr in einem Krankenhaus, 35 Kilometer entfernt von mir. Anna hat dort ein Zimmer, wo sie jederzeit, wenn es der Schichtdienst erfordert oder sie Lust dazu hat, übernachten kann, und Mutter wird klar, dass das Kind tatsächlich ein Stück weit auszieht. Mit siebzehn. Täglich schleppt es (noch schweren Herzens) Taschen und Koffer mit fort, Pflanzen und Decken, Dekoware, Fotos.

Ein neues erstes Mal in meinem Leben, weil es ein weiteres erstes Mal in Annas Leben gibt. Wie damals, als sie in den Kindergarten und dann wieder als sie zur Schule kam, habe ich mir im Vorfeld vor allem Gedanken darüber gemacht, wie es für Anna sein wird und nicht damit gerechnet, was das mit mir machen könnte. Wieder habe ich versucht, ihr den Übergang zu erleichtern und mich selbst dabei vergessen. Wieder habe ich nicht mit dieser emotionalen Wucht gerechnet, mit derartiger Trauer und Verlustangst.

Ständig schlage ich den Bogen zurück zu der kleinen Anna, mit der alles begann, die mich anlächelte und sich mir vertrauensvoll hingab. Was sind siebzehn Jahre? Nichts. Eine kleine Weile, eine begrenzte, vergängliche Zeit des Miteinanders. Nun geht sie fort. Wie ich mit ihr verbunden bin!

Der Schmerz trifft mich, als ich am Abend vor Annas Neustart einer scheinbar harmlosen Tätigkeit nachgehe. Seit die Kinder ausgereifte Geschmacksknospen besitzen, kann Kochen richtig Spaß machen. Ich klebe neue, leckere Rezepte auf Karten für meine Rezeptbox und freue mich darauf, sie zu testen – bis mir einfällt, dass Anna morgen ihr soziales Jahr beginnt und ich begreife, dass sie überhaupt nicht mehr mit uns essen wird, zumindest nicht unter der Woche. Ich werde nur noch für mich und dieses andere Kind kochen, das warme Mahlzeiten gar nicht schätzt und sie so schnell wie möglich hinter sich bringt. Anna genießt es, Neues zu probieren, sie hat einen vorzüglichen Geschmackssinn und eine leidenschaftliche Hingabe an jeden Bissen. Mit einem Ruck verliere ich die Lust am Planen und Kochen.

Es tut mir weh, Anna loszulassen. Eigentlich freue ich mich, dass sie die Chance nutzt, in einer christlichen Einrichtung ein Soziales Jahr zu machen. Eigentlich. Ich weiß, dass es gut für sie ist, aber ist es auch gut für mich? Werden wir in lebendigem Kontakt bleiben? Wie wird unsere Zukunft aussehen?

Anna ist ein Teil von mir und es ist so natürlich, wenn sie da ist, dass es sich nun nach all den Jahren der Gemeinschaft erst einmal völlig falsch anfühlt, dass sie nicht mehr selbstverständlich da sein wird. Immer war sie greifbar, erlebbar, ein Gegenpol und Gegenüber, ein Teil von mir. Wir haben wundervolle Jahre hinter uns, so viel Gemeinsames erlebt, sind im Glauben zusammen gewachsen. Etwas geht für immer zu Ende. Muss ich da nicht traurig sein? Ich fühle mich überrannt, unvorbereitet und beraubt.

Das alles sagt mein Herz. Mein Kopf sagt: Gut für Anna, dass sie herausgefordert wird. Dass sie sich allmählich der Erwachsenenwelt stellt, ich sie aus meiner Verantwortung lassen kann. Es ist gesund, dass sie sich ablöst und es wird ihrem Selbstbewusstsein und ihrer Selbstständigkeit gut tun.

Die Loslösung kommt mir vor wie eine zweite Geburt – ein Kraftakt sowohl für Anna als auch für mich. Anna ist tapfer. Ich muss auch tapfer sein. Was wir bisher an selbstverständlicher gemeinsamer Zeit hatten, muss mir genügen. Mein Leben wird stiller. Stille kann Angst machen, aber sie tut mir auch gut.

Hier sitze ich also und verbringe meine Zeit damit, zu verklären, zu lamentieren, zu bangen, und, vom Kopf her, zu gratulieren, dass das Kind selbstständig wird und ein Erziehungsziel andeutungsweise geschafft scheint, während der Kindsvater sich abfindet und nach vorne blickt. Dann helfe ich Anna, ihr Zimmer in der Fremde einzurichten. Es ist wichtig für mich zu sehen, wo sie nun lebt, um mit ihr in Verbindung zu bleiben und sie zu verstehen.

Ich unterstütze sie dabei, sich in ihrem neuen Umfeld einzuleben. Hole sie ab, wenn sie nach Hause möchte, höre ihr zu, wenn ihr Herz überfließt von all dem Neuen, freue mich an ihrer wachsenden Sicherheit, an der vorsichtig aufkeimenden Freude an der Arbeit. Ich spüre, dass sie belastbar ist, auch wenn ihr das Neue viel abverlangt, ich sehe, wie geradlinig und mutig sie ihren Weg geht. Ich freue mich darüber, dass sie gern Verantwortung übernimmt. Ich bin stolz auf sie. Ich vertraue sie Gott an, der immer weiß, wo sie steht und was sie braucht. »Ihr seid die Bogen, von denen eure Kinder als lebende Pfeile ausgeschickt werden« steht am Ende von Gibrans Gedicht.

Dann bat er: Lass mich los, der Morgen dämmert schon!
1. MOSE 32,27

Euretwegen, meine lieben Kinder, leide ich noch einmal alle Schmerzen und Ängste, wie sie eine Mutter bei der Geburt ihres Kindes auszustehen hat.
GALATER 4,19

Blinde Wut oder heiliger Zorn?

Neutral gelaunt fahre ich vom Buchladen nach Hause. Der Marktstand ist noch offen. Ich entdecke den letzten freien Parkplatz schräg gegenüber, setze den Blinker und warte den Gegenverkehr ab, damit ich abbiegen kann. Da bemerkt auch eine entgegenkommende Autofahrerin die Lücke, macht ihre Ellbogen breit und schafft es mit einer Art Himmelfahrtskommando, vor mir reinzuflitzen. Sie nimmt mir einfach den Parkplatz weg! Ein Satz aus Kindergartentagen kommt an die Oberfläche meines Bewusstseins: »Ich hab ihn zuerst gesehen!!« Meine Empörung ist von derselben Heftigkeit wie vor vierzig Jahren. Auf meine vorwurfsvolle Mine reagiert sie mit einer ordinären Geste. Ihr giftiger Gesichtsausdruck ärgert und verfolgt mich noch den ganzen Tag. Oder ist es mein eigener?

Im Supermarkt. Ich lade einen gestandenen Einkaufswagen voll Ware auf das Band. Die ältere Kundin hinter mir trippelt hin und her, drei Dinge auf dem Arm. Meine Güte, ich habe es auch eilig! Gleich wird sie mich fragen, ob ich sie vorlasse. Tatsächlich, sie brummelt etwas von »Essen auf dem Herd«. Wie kann man nur das Haus verlassen, wenn das Essen auf dem Herd steht? Ich bleibe »stark«. Diesmal nicht. Diesmal werde ich mein »Die-Ersten-werden-die-Ersten-sein«-Recht in Anspruch nehmen. »Ich habe drei Kinder, die zu Hause darauf warten, dass ich ein Essen auf den Herd stelle«, höre ich mich unnötig unsympathisch sagen. Nach Zustimmung heischend blicke ich mich um. Anerkennendes Nicken. Es ist mein »gutes Recht«.

Auf dem Heimweg rast mir ein Fahrer auf meiner Fahrbahn entgegen, um in eine Parklücke zu brausen. Seine Aktion kostet mich fast das Leben. Ich starre ihn fassungslos an. Er macht eine abfällige Bewegung, dabei ist er im Unrecht!

Dann mache ich selbst einen Fehler beim Fahren und erlebe eine derart feindliche Reaktion, dass ich schockiert bin. Ich habe niemanden verletzt oder geschadet, ich war nur eine Spur zu langsam. Ich habe doch nur einen Fehler gemacht ...

Haben wir Krieg? Wer stellt eigentlich mein Recht her? In der Bibel steht etwas, das meinem Instinkt widerspricht: »Denkt daran, dass es nicht eure Sache ist, selbst Recht zu verschaffen. Überlasst dieses Urteil vielmehr Gott, denn er hat gesagt: Es ist allein meine Sache, Rache zu nehmen. Ich werde alles vergelten« (Römer 12, 19).

Schon als Kind hatte ich – wie vermutlich alle Kinder – ein ausgeprägtes Gerechtigkeitsempfinden. Ich habe gelitten, wenn ich selbst oder andere ungerecht behandelt wurden. Einmal hängte ich ein Schild über das Pult eines unreifen Lehrers, der seine sozialen Defizite an uns Schülern auslebte. Es war eine Genugtuung, hinter seinem Rücken zu lesen: »Das Recht des Stärkeren ist das stärkste Unrecht!« Ein Versuch, das Gleichgewicht wieder herzustellen. Später entdeckte ich immer klarer, dass Herbert Grönemeyer recht hat, wenn er singt: »Das Leben ist nicht fair«.

Meine Illusion, dass mit gutem Willen und genügend guten Menschen auf dieser Erde Gerechtigkeit hergestellt werden kann, platzte spätestens, als Jan behindert zur Welt kam. Zwei Jahre Odyssee durch verschiedene Kliniken zeigten mir eine andere Realität. Ohnmacht und Wut, Leid und Not gehörten fortan zum Leben dazu.

Wohin mit meiner Wut, wenn sich das Leben einfach nur völlig falsch anfühlt? Und vor allem: Woher kommt sie? Hat sie dieselbe Qualität wie der heilige Zorn Gottes? Oder entspringt sie einer ganz anderen Herkunft?

»Der Herr ist gerecht und hat Gerechtigkeit lieb« (Psalm 11, 7). Ich habe Gerechtigkeit auch lieb. Vor allem, wenn es um meine Interessen geht. Aber *bin* ich gerecht? Unterscheide ich mich von dem Denken der Anderen, die sich zu sagen scheinen: »Wenn ich an mich denke, dann ist an mich gedacht«? Wenn jeder an den anderen denken würde, dann wäre auch an jeden gedacht.

Ich nehme mir vor, Situationen zu suchen, auf der Straße, an der Kasse, in der Familie, in denen ich auf mein Recht verzichte. Und merke überrascht, dass mich das ruhiger macht: Nicht nach meinem Vorteil zu jagen, nicht auf mein Recht zu pochen.

Schlimm genug, dass ihr überhaupt Streit miteinander habt! Weshalb ertragt ihr nicht lieber Unrecht, und warum seid ihr nicht bereit, eher Nachteile in Kauf zu nehmen, anstatt auf euer Recht zu pochen?

1. Korinther 6,7

»Aber nicht doch!« oder die Kunst, Komplimente abzuwiegeln

Was sagt eine Deutsche, wenn sie hört, ihr Kleid sei schön? »Och, der uralte Fetzen! Der war mal vor Jahren runtergesetzt bei Cesario & Antonio, spottbillig!« Was sagt eine Französin, wenn man ihr sagt, ihr Kleid sei schön? »Oh! Merci!«

Was sage also ich, als meine Schwiegermutter meint: »Hast du ein schönes Kleid an!«? Ich sage: »Darin hat mich heute jemand für schwanger gehalten. Das Kleid hat mir neulich meine Cousine abgetreten. Ich kam nur noch nicht dazu, es auszuziehen ...« Das kommt spontan und von Herzen.

Als ich zur Buchladenbesprechung komme, erfahre ich, dass wir heute für die Seite im Internet fotografiert werden. Na super, und ich trage Sachen aus der Schrankecke »Alt, aber geht noch für daheim«. »Na und«, sagen die anderen, »ist doch hübsch.« »Quatsch«, sage ich, »das habe ich von meiner Cousine geerbt. Und weil sie mir einige solcher Zu-gut-für-den-Altkleidersack-Teile vermacht hat, habe ich keinen Grund, mir was wirklich Schönes zu kaufen.« »Aber das *ist* doch schön«, sagen die Anderen. Ich aber fühle mich altbacken und lehne dankend ab.

Yvonne kommt. *Sie* ist ausgesprochen hübsch in ihrem Jeansrock und ihrer weißen, legeren Bluse. Aber als ich ihr das sage, winkt sie ab: »Ach nein, das ist ganz zerknittert, ich hab es nicht mehr gebügelt. Leinen halt.« Ich bleibe auf meinem Kompliment sitzen. Kein schönes Gefühl ...

Als der Gast bei uns zu Hause jubelt, hier sei es aber uuurgemütlich, erwidere ich, dass das halt das alte Sofa meiner Eltern ist, was wir da unter der auch schon ältlichen Decke verstecken. Dass wir renovieren müssten. Dass es ziemlich eng bei uns ist. Und ich sehe die ungeputzten Fenster – statt mich darüber zu freuen, dass unser Gast sich wohl fühlt.

Und als jemand sich darüber äußert, dass er meinen Schreibstil mag, entgegne ich: »Das ist nichts Besonderes, das kann jeder.

Man muss einfach mitschreiben beim Denken ...« Und spontan fallen mir zehn Frauen ein, die *wirklich* schreiben können.

Bei einer Sitzung staune ich über Frauen, die messerscharf analysieren können und politisch auf dem Laufenden sind. Liegt vielleicht ein Irrtum vor, dass ich eingeladen wurde? Sie haben mich falsch beurteilt, zu viel in mir gesehen ...

Ich kann kaum bestehen angesichts der Messlatte, die ich selbst anlege.

Kompliment-Entwertung – warum nehmen wir die Geschenke unserer Mitmenschen nicht an? Wir glauben ihnen keinen Pfifferling und sind überzeugt davon, dass unsere eigene Wahrnehmung um ein Vielfaches neutraler und echter ist. Warum stellen wir freiwillig unser Licht unter den Scheffel?

Ehrt uns hier Bescheidenheit wie in Philipper 2,3 beschrieben: »Denkt von euch selbst gering und achtet den anderen mehr als euch selbst«? Oder ist es ein Versuch, die Ehre noch zu steigern, indem wir erst einmal abwinken und dadurch den Komplimente-Macher zum zweiten Anlauf auffordern? So wie es in Sprüche 29, 23 steht: »Wer hochmütig ist, wird schließlich erniedrigt werden; der Bescheidene dagegen wird geehrt.«

Hochmütig wollen wir auf keinen Fall wirken, aber so eine ängstliche Demut, die sich nur erniedrigt, um zu zeigen, wie demütig sie ist, wäre schlicht falsche Bescheidenheit.

»Demut«, so der englische Theologe und Scharfdenker John Stott (ein *wirklich* schlauer Mensch), »Demut heißt nicht, sich zu verstellen und anders zu sein als wir sind, sondern anzuerkennen, was wir in Wirklichkeit sind.« Nicht mehr, aber auch nicht weniger. Wahre Demut befreit also bis hin zu der Gelassenheit, Rückmeldungen unserer lieben Mitmenschen erfreut zu akzeptieren, selbst wenn sie positiv sind ...

In der Bibel gibt es einen Menschen, dessen dankbare Selbstliebe so erstaunlich wie vorbildlich ist. Für Menschen wie mich sind seine arglosen Gedanken der Demut festgehalten:

»Du hast mich geschaffen – meinen Körper und meine Seele, im Leib meiner Mutter hast du mich gebildet. Herr, ich danke dir dafür, dass du mich so wunderbar und einzigartig gemacht hast! Großartig ist alles, was du geschaffen hast – das erkenne ich! Schon als ich im Verborgenen Gestalt annahm, unsichtbar noch, kunstvoll gebildet im Leib meiner Mutter, da war ich dir dennoch nicht verborgen« (Psalm 139).

Erinnert mich spontan daran, wie Anna als kleines Mädchen aussah, als die Sonne von hinten in ihre bauschigen blonden Locken schien und sie sich staunend vor dem Spiegel drehte, unvoreingenommen, ohne innere »Begleiter«, frisch, fromm, fröhlich, frei ...

Vielleicht ist es für manche von uns dran, Komplimente einfach anzunehmen wie die Französin: mit bescheidener Freude und errötenden Wangen, »Oh, merci!«

Verschlafene Gedanken

Gestern bin ich erst um zwölf ins Bett gegangen, aus Angst, etwas zu verpassen. Das Leben vielleicht. Um eins weckte mich die Katze, um zwei, drei und vier Werners Schnarchen, das wie das Tönen eines Tiefseewals klang, der über weite Fernen mit seinen Lieben kommuniziert. Kann es sein, dass er sich in der Tiefe seiner Seele weit von uns entfernt fühlt? Irgendwann habe ich eine Zwischenschicht mit Schokoriegel eingelegt, an meinen Zahnarzt gedacht, trotzdem nicht die Zähne geputzt und mich wieder hingelegt. Um fünf verbellte der Hund die Zeitungsfrau, um sechs tönte ein Handy aus einem benachbarten Zimmer. Jetzt ist es sieben, der Wal frisch und ausgeschlafen unterwegs zu seiner Bestimmung und auf mir liegt bleierne Schwere. Meine erste Pflicht habe ich erledigt, meine Nächsten geweckt, Frühstück gemacht und Schulbrote geschmiert.

Nun kämpfe ich schon seit einer Stunde dagegen an, zu Anna ins Bett zu sinken. Sie hat Spätschicht und würde es erlauben, trotz ihrer 18 Jahre. »Dekompetieren« nennt eine Bekannte den Zustand, in dem ich mich befinde. Das Mehr an Leben, das ich gestern Abend erhascht zu haben glaube, geht mir nun abhanden. Meine Rechnung geht nicht auf. Ich schaffe es, mich an Annas offenem Zimmer vorbeizuschleppen, aus dem mir einladende Wärme entgegenschlägt und dusche stattdessen. Der halbherzige kneippsche Guss am Ende hilft mir zumindest, klarer aus den Augen zu blicken.

Ich mache die Betten mit einem Handtuchturban auf dem Kopf. Meine Haare sind endlich schulterlang. Ich möchte sie noch ein letztes Mal wachsen lassen, bevor ich für immer den schmeichelhaften Kurzhaarschnitt wähle. Beim Föhnen frage ich mich, ob ich noch objektiv beurteilen kann, ob ich längere Haare noch tragen kann oder ob ich nicht unmerklich zu alt dafür geworden bin.

Hat sich mein Gesicht schon so verändert, dass man dieses Aha-Erlebnis hat, wenn man mich zuerst von hinten und dann von vorne sieht? Ich weiß, dass es eine sensible Grenze gibt, die ich an anderen Frauen sehr wohl wahrnehme ...

Wenn ich jetzt mit Charly fortgehe, habe ich es geschafft, mein Kreislauftief ohne ermüdenden Zweitschlaf überwältigt. Der Hund hat es verdient, er wäre gestern Abend gern noch ausgegangen und ich habe ihn ignoriert. Wenn ich nur für mich allein verantwortlich wäre, würde ich mich jetzt ganz bestimmt fallen lassen. Charly wird bald zehn. Er hinkt. Arthrose. »Fünf Jahre hast du einen jungen Hund, fünf Jahre einen guten Hund, und fünf Jahre einen alten Hund«, sagt der Volksmund.

Um mich herum Vergänglichkeit. Ich beobachte staunend, wie meine Kinder erwachsen werden, beobachte das Werden und Vergehen um mich herum und bin ein Teil davon. Meine Haare werden grau, meine Kinder erwachsen und der Hund alt. Ich möchte das Leben aufsaugen und werde scheinbar immer lebenshungriger dabei. Ich habe nicht mehr das Gefühl, unendlich viel Zeit zu haben und wenn ich heute Entscheidungen zwischen entweder und oder treffen muss, fallen sie manchmal anders aus als vor einigen Jahren. Die längst überfälligen Wohnzimmerteppiche? Die lang ersehnten Vorhänge? Oder lieber in den Urlaub investieren? Urlaub! Man lebt nur einmal ...

»Kann ich noch einen Minirock tragen?«, frage ich Anna. Die Antwort ist so kurz wie klar: »Nein!!« Anna will mich als eindeutig erkennbare Mutter, unmissverständlich in der nächsten Generation beheimatet. Was sie nicht braucht, ist eine Mutter der hippen Sorte, Marke »coole Freundin«, die ihre Kraft daraus zieht, dass sie für die Schwester ihrer Tochter gehalten wird. Ich kenne meinen Platz: gediegen und, um nicht von der anderen Seite des Pferdes zu fallen, einen Hauch modern, seriös meinem Alter angepasst. Die gemäßigte Schlaghose aus Stoff in einer neutralen Farbe scheint angemessen.

Augenbrauengepiercte Teenagermütter, die ihre bauchnabelfreien Tops im selben Laden kaufen wie ihre Töchter, sind eindeutig peinlich. Wichtiger ist eine Mutter, die ein offenes Haus hat für die Freunde der Kinder, ein offenes Herz für den Jungen, der morgens um sechs die erste Tages-SMS schreibt, offene, gut gefüllte Vorratsschränke und um elf Uhr nachts ein offenes Ohr für Freuden, Fragen, Nöte. Immerhin bin ich objektiv alt genug, um Halt, Geborgenheit und Ratschläge zu geben ... Schöner noch als fehlende Krähenfüße und ein straffer Bauch.

Zu meinen Haaren werde ich den Frisör meines Vertrauens fragen. Seine objektive Meinung ist mir immer wichtiger, seit die Männer aufgehört haben, mir nachzusehen. Die stillen, aufmerksamen Blicke, kleine Tageskomplimente, sind versiegt. Innere Schönheit sieht Mann erst auf den zweiten Blick. Wenn ich mit Anna oder Lena in der Stadt bin, sehe ich diese Blicke wieder ...

Neulich allerdings, als ich allein mit der Bahn unterwegs war, hatte auch ich einen Bewunderer. Ich schätzte ihn auf Mitte 60 ... Solange sich der Bewunderer zu Hause noch hin und wieder zu einem anerkennenden Wort hinreißen lässt (was auch etwas nachlässt), soll mir das genügen. Und so übe ich mich in der Erkenntnis, dass Menschen meine Sehnsüchte nicht ausfüllen können, nicht auf Dauer.

Aber Jesus kann es. Er findet mich schön und sieht mir hinterher. Erschöpft vom Leben und vom Grübeln sinke ich in die Hängematte und lebe meine Bestimmung, die ich heute Nacht nicht wahrgenommen habe.

> *Seit der Lebensmitte scheint die Zeit noch schneller davon zu eilen. Du brauchst nicht unter der Vergänglichkeit zu leiden. Weil wir mit Gott leben, haben wir jetzt schon Ewigkeit. Zeit, die wir mit Gott verbringen, läuft nicht mehr weg, sie bleibt, ist schon Ewigkeit. Weil wir Ewigkeit haben, haben wir Zeit.*
>
> RUTH HEIL

Ich schreibe, also bin ich

Ich bin schreibmüde. Vielleicht ein Hinweis darauf, dass ich überhaupt müde bin. Astrid Lindgrens Zitat »Und dann muss man ja auch noch Zeit haben, einfach dazusitzen und vor sich hinzuschauen« ist mir in Fleisch und Blut übergegangen. Ich habe nicht wenig Lust, eine Schreibpause einzulegen.

Genau da fragt die Redaktion an, welches Thema mir gerade unter den Nägeln brenne. Ob ich darüber nicht schreiben möchte. Ich gehe in mich, aber da ist kein salonfähiges Thema, worüber ich schreiben könnte. Nichts, das die Menschen amüsiert, ihnen den Tag verschönert oder wenigstens die Stunde.

Ich lebe meinen Alltag dankbar und zufrieden, beobachte, wie er naturgegeben und unaufhaltsam dahinfließt, die Kinder (und wir zwei Altvorderen) dabei älter werden und das einzige wiederkehrende Thema, das in mir ein- und ausgeht, das mit mir umgeht, das ich schweigend und fragend anblicke, dem ich mich schüchtern annähere, ist das Leben an sich – oder vielmehr das Sterben. Das Leben im Angesicht des Sterbens um mich herum. Und das Leben im Angesicht des Sterbens, das in mir mit dem Tag meiner Geburt schon begonnen hat. Nicht gerade ein erbauliches Thema. Ich möchte lieber leben als über das Leben schreiben.

Das Leben geschieht schon lange. Davon war ich oft Zeuge. Aber auch Sterben geschieht um mich herum. Die Einschläge kommen näher. Mein Leben hat sich verändert seit meiner Tumoroperation vor anderthalb Jahren. Ich verändere mich. Wenigstens bleibt Gott gleich.

Ein Freund ist gestorben. Sein Tod geht mir sehr nach. Wie viel Unwichtiges gibt es im Alltag, das mich jetzt nicht mehr interessiert.

Einen anderen Freund habe ich mit weichen Knien im Krankenhaus besucht. Er hat großes Glück gehabt, Gott hat ihn bewahrt. Eine Mutter, die ich kenne, hat ihr Baby verloren. Hat Gott es nicht bewahrt? Lenas Freundin ist bei einem Unfall ums Leben gekommen. Sie wollte nichts von Gott wissen. Hatte er einen guten Plan mit ihr? Weggeschobene Fragen drängen sich wieder nach vorne.

Ein Freund ist gestorben – worüber will man da noch schreiben? Mit großen Augen gehe ich durch das Leben, weil geschah, was nie geschehen durfte. Ich weiß, dass das erst der Anfang ist. »Gewöhn mein Herz an die Ewigkeit« hat Thea Eichholz-Müller getextet, als ihr Mann sterbenskrank war. Ewigkeit – eine Dimension, die näher rückt.

Warum begegne ich Gott meist in der Tiefe? Warum kommt mir die andere Welt vor allem im Leid so nah? Mag sein, dass die Wand nur dünn ist zwischen unserer Welt und der Ewigkeit – aber ist die Schnittstelle denn nur im Leid möglich? Bin ich nur dort sensibel für die Dimension Gottes, sein unsichtbares, unendliches Sein und Walten? Erlebe ich vor allem dann eine Ahnung von Gottes Größe und Macht, wenn mein Herz einen Riss bekommt? Ich möchte Gott gern wieder öfter dort spüren, wo ich glücklich bin und beschenkt. Ich möchte Ruhe vor Gott finden.

Mein Lebensgefühl verändert sich, je mehr ich in diesen Kreis von Werden und Vergehen trete. Manches interessiert mich nicht mehr. Anderes dafür umso mehr. Mein Verständnis für Menschen, die Schweres erleben, wächst behutsam. Meine Lust an Smalltalk sinkt dramatisch. Ich liebe das Leben (noch) mehr als früher. Und ich fürchte mich (noch) mehr als früher. Dafür wage ich manches, was ich bisher nicht gewagt hätte. Ich hänge mehr am Leben und ich kann mir eher vorstellen, eines Tages abzutreten, um in eine andere, bessere Welt überzuwechseln. Eine seltsame Mischung.

Ich beobachte, wie andere Christen mit Leid, Tod, Trauer umgehen. Ob ihr Glaube hält. Ich brauche glaubwürdige Wegbegleiter, um Mut zu sammeln für meinen eigenen Weg, Geschwister, die festhalten an Gott, wenn alles wankt. Ich habe ihren Glauben nötig, weil Gottes Unsichtbarkeit für mich immer wieder ein Stolperstein ist. Durch ihr Zeugnis wird Gott für mich spürbar und vertrauenswürdig. Selbst wenn ein Mensch stirbt, um dessen Heilung ich gebetet habe.

Was möchte Jesus von mir? Er durchschaut die Oberfläche meiner Zufriedenheit, die von meiner Hoffnung abhängt, dass Gott meine Erwartungen erfüllt. Wenn ich glaube, Gott erkannt zu haben, nimmt er mir diese Täuschung. Gott lässt sich nicht vor den Karren meiner Erwartungen spannen. Es bleibt Herausforderung, Gott für vertrauenswürdig zu halten. Jesus möchte, dass ich an seinem und meinem Vater festhalte, auch wenn ich enttäuscht bin. Er betet dafür, dass mein Glaube nicht aufhört.

Könnte ich wirklich ohne das Schreiben leben? Nein, wieder hilft es mir, Dinge, die geschehen, zu sehen. Ich finde keine Antworten. Keine Rezepte zum Weitergeben. Ich finde nur Fragen, offene Fragen. Ich mache sie zu einem Gebet.

Simon, Simon! Pass gut auf! Gott hat dem Satan erlaubt, euch auf die Probe zu stellen und die Spreu vom Weizen zu scheiden. Aber ich habe für dich gebetet, dass dein Glaube nicht aufhört. Wenn du dann wieder zu mir zurückfindest, musst du deinen Brüdern Mut machen!

LUKAS 22,31

Ich habe da so ein Gefühl ...

Jan sagt am Feierabend zaghaft und im Voraus schon enttäuscht von sich und dem Leben: »Na ja.« Das klingt nicht sehr verheißungsvoll. Ich hake nach. Jan: »In Englisch habe ich kein gutes Gefühl.« Ich: »Hast du eine Englischarbeit geschrieben???« Ich wusste nichts davon. Jan: »Ja. Ich hab im Bus gelernt. Richtig geübt.« Hihi. Das kann ich mir vorstellen. Oje ...

Ich sehe Jan und ahne, was da in ihm vorgeht. Versagt. Durchgefallen. Die anderen schaffen es, er schafft es nicht. Für mich bleibt es sowieso unvorstellbar, dass Jan mit seiner Behinderung in der Lage sein soll, eine weitere Sprache zu lernen, wo er doch mit seiner Muttersprache schon Grundsatzprobleme hat. Egal, jetzt gilt es, Jan aufzubauen. Ihn meine Traurigkeit wegen seiner Grenzen und seinem Schmerz darüber nicht spüren lassen. Wir stehen in der Küche und blicken uns an.

Werners Instinkt schlägt zu. Er nimmt Jan von hinten in den Arm und drückt ihn ganz fest. Von mir würde er sich das nicht gefallen lassen, bei Werner genießt er es. Jan hat jetzt ganz viel Vater um sich herum. »Jan, von mir kriegst du auch Noten! Bei mir gibt es aber andere Fächer. Bei mir kriegst du als Sohn und toller Junge eine Eins! Für Sohnhilfsbereitschaft: Eins bis Zwei.« Jan entspannt sich in den starken Armen. Werner weiter: »Für Fleiß: Eine Zwei. Für lustig und freundlich: Eins. Nett: Eins. Verfressen: Eins!« Jan kichert empört, lauscht entzückt, Lena lächelt mild.

Werner hält Jan immer noch fest. »Für Duschen: Fünf!« Jan wehrt sich: »Hey, Werner, ich dusch mich fast jeden Samstag!« Seine Stimmung ist wieder auf dem aufsteigenden Ast. Werner grinst: »Also gut, dann zwei. Jan, von mir kriegst du ein gutes Zeugnis! Du bist ein super Sohn!!« Quietschvergnügt isst Jan seinen Grießbrei, mein Beitrag zur Stärkung der Moral.

Was macht Werner? Er füllt Jan mit Liebe, als er es dringend braucht. Mit seiner Reaktion sagt er zu Jan eigentlich: »Ich nehme dich an, brutto, hundert Prozent. Mitsamt deinen Stärken, inklusive deiner Schwachheit liebe ich dich! Du stammst aus mir. Du bist nach meinem Bild geschaffen. Du bist genau richtig! Bei mir zählt nicht deine Leistung, sondern dein Sein.« Genau dann, als Jan an sich selbst zu zweifeln beginnt. Als er sich mit den anderen zu vergleichen beginnt und sich fragt, ob er in Ordnung sein kann.

Am nächsten Morgen erzählt der Prediger im Gottesdienst von seiner Tochter. Wie sie so ein Gefühl hat wegen ihrer letzten Klassenarbeit. Familiäre Parallele ... Er schlägt einen Bogen zu uns und Gott. Wie wir manchmal so ein bestimmtes Gefühl haben. Auf das wir uns gar nicht verlassen können. Er fragt uns, was uns eigentlich Gewissheit gibt, von Gott gewollt, angenommen, geführt, geliebt zu sein.

Da kommt mir Werners Umarmung in den Sinn.

Ich habe so ein Gefühl ... dass Gott mir durch Jan auf einer tieferen Ebene etwas zeigen möchte. Das macht Gott manchmal, seit ich Mutter bin, dass er mir durch die Kinder etwas über sich zeigt. Göttliche Parallele ... Mir dämmert: Gott gibt mir auch so ein Zeugnis für »gute Sohnschaft«. Auch er wertet aus Liebe, nicht nach Leistung. Sein Maßstab ist Barmherzigkeit und Vaterschaft, er freut sich über ehrliche Bemühungen, ohne das Ergebnis überzubewerten.

Ich brauche die Gewissheit, dass ich von Gott angenommen bin, geliebt, gehalten, geführt. Sonst bin ich abhängig von anderen Menschen. Gefangen in Selbstzweifeln und Resignation. Wie Jan darf ich solche Gefühle äußern, darf ich meine Zweifel an den Himmel schreien: Ich weiß nicht, ob ich in Ordnung bin, Gott, ich bin mir nicht sicher, ob das genügt, was ich anbiete. Wie Jan darf ich mit Gottes fester Umarmung rechnen. Mit seinem Humor, seinem Augenzwinkern, seinem Feingefühl.

Unabhängig davon, wie die anderen mich einschätzen, wie ich selbst mich einschätze, sagt Gott: »Du bist eine wundervolle Tochter! Ich stehe zu dir. Hundert Prozent!!« Ich spüre förmlich Gottes Umarmung ...

»Vater«, sagte der Sohn, »ich bin vor Gott und vor dir schuldig geworden, ich bin es nicht mehr wert, dein Sohn zu sein!« Aber der Vater rief seinen Dienern zu: »Schnell, holt die besten Kleider für ihn, steckt ihm einen Ring an den Finger und bringt ihm Schuhe! Holt das Mastkalb und schlachtet es! Wir wollen ein Fest feiern und uns freuen!«

LUKAS 15,21F

Wenn der Glaube wankt

Zweiter Weihnachtsfeiertag. Bei den ersten Meldungen über eine noch ungewisse Anzahl von Menschen, die bei einer Überschwemmung in Asien ertrunken sind, reagiere ich verstimmt: Muss ich über jeden Unglücksfall dieser Welt informiert werden? Was bringt mir das? Was macht das mit mir?

Es folgen stündliche Korrekturen von Zahlen, deren Dimension mich innerlich verstummen lässt. Weihnachten liegt hinter mir. Obwohl ich es vermeide, im Fernsehen Bilder über das Seebeben anzusehen, tauchen sie in meinem Inneren auf. Ich schiebe sie zur Seite, weil unerträglich. In den nächsten Tagen dreht sich überall das Gespräch um Menschen, die unermessliches Leid erleben.

Erst an Silvester, als ich ein kleines, gut gemeintes, privates Gebet zum Himmel schicken will, spüre ich die bekannten lähmenden Gebetszweifel. Jan wird zum ersten Mal mit dem Jugendkreis der Gemeinde feiern. Ich mache mir ein wenig Gedanken, ob er den Abend gut über die Runden bringen wird und möchte ihn Gott anbefehlen. Habe ich doch gelernt, dass Gott auch das Alltägliche meines Lebens interessiert.

Da merke ich, dass ich gar nicht glauben kann, dass Gott sich für Jans seelisches Befinden interessiert. 120.000 Flutopfer in Asien – was ist eine Silvesterfeier auf Gottes Prioritätenliste angesichts dieser Katastrophe? Wie viele Mütter mögen in den Stunden des Grauens zu Gott geschrien haben, dass er sie und ihre Kinder rette – und sind dennoch zu Schaden gekommen? Nimmt Gott wirklich Anteil daran, wie Jan sich fühlt auf seiner ersten Silvesterparty? Interessiert Gott das? Keine Ahnung. Gott wird Wichtigeres zu tun haben als dafür zu sorgen, dass Jan zurecht kommt bei einer christlichen Veranstaltung in einem behüteten Wohlstandsland. Alte Zweifel neu aufgewärmt. Resigniert merke ich, dass ich nicht mehr vertraue beim Beten. Mein verzagtes Gebet lautet ungefähr so: »Herr: Jan!«

Ich finde keine Worte, keine Gedanken, nur Gefühle, die ich mühsam verdränge. Frage mich wirklich, ob ich Gott mit diesem und jenem noch in den Ohren liegen kann, wenn er die Sache mit Asien regeln muss. Sollte.

Das ist der Moment, in dem ich Angst bekomme. Angst vor dem Leben, Angst vor Gott, Angst, dass mein Glaube mir wegrutscht. Ich weiß, dass Gott mir fremd wird, wenn ich nicht mehr bete, nicht mehr seine Nähe suche. Glaube und Unglaube liegen bei mir oft nah zusammen. Ich kann Gott einfach nicht fassen und es kostet mich immer wieder Winkelzüge, an seinen Verheißungen festzuhalten.

Manchmal finde ich Gott unheimlich einfühlsam, manchmal erscheint er mir so willkürlich. 120.000 Menschen hat er nicht vom Tod durch Ertrinken abgehalten, warum sollte er auf mein Gebetlein reagieren, dass Jan glücklich sein möge? Manchmal bleibt mir nur das Wort »Herr, wohin sollen wir gehen, nur Du hast Worte ewigen Lebens«.

Da lerne ich Anke kennen. Anke ist für mich eine Glaubensfrau, denn sie geht Schritte ins Ungewisse im Vertrauen darauf, dass Gott sie führt. Anke scheint zu denen zu gehören, die einen besonderen Zugang zu Gott haben und deren Vertrauen immer wieder bestätigt wird. Anke ist mir – so empfinde ich – was den Glauben betrifft, Meilen voraus.

Ich entschließe mich zu Ehrlichkeit, und auch Anke öffnet ihr Herz. Seit sie erlebt hat, wie ein Kind aus ihrem nahen

Umfeld misshandelt und ermordet wurde, wächst in ihr die furchterregende Erkenntnis, dass sie Jesus nicht mehr spürt. Beide können wir das Leid Unschuldiger nicht einordnen, bringen unsere guten Erfahrungen mit Gott nicht zusammen mit dem, was um uns Leidvolles geschieht. Ankes Angst gibt mir die Erlaubnis, dass auch ich mich fürchten darf, dass mein Glaube mir wegrutscht. Zu sehen, wie sie festhält, trotzt, hofft, weiter tappt im Dunkel, stärkt meinen Glauben gerade.

Später erzählt mir Helga aus meiner Gemeinde, dass sie jeden Morgen mit leeren Händen vor Gott steht. Dass ihr Glaube immer nur für einen Tag reicht. Alle Morgen neu muss sie ihn sich schenken lassen. Ich denke: »Wie die Israeliten das Manna«, und bin getröstet. Glaube als täglich Brot. »Eigentlich« weiß ich auch, dass Gott treu ist, aber ich bin wie das Volk Israel, das immer wieder meuterte, murrte, von Gott enttäuscht war. Das Bekenntnis der beiden Frauen ist wie eine große Erlaubnis für mich, hungrig und bedürftig sein zu dürfen. Ihre vermeintliche Schwachheit macht mir nachhaltig Mut.

Abends in einem Gottesdienst sitze ich neben Birgit. Aus ihrer Bibel fällt ein Zettel, den sie mir überlässt. Darauf steht:

> *Luthers Anhängsel*
> »Mir ist es bisher wegen angeborener Bosheit und Schwachheit unmöglich gewesen, den Forderungen Gottes zu genügen. Wenn ich nicht glauben darf, dass Gott mir um Christi willen dies täglich beweinte Zurückbleiben vergebe, so ist's aus mit mir. Ich muss verzweifeln. Aber das lass ich bleiben. Wie Judas an den Baum mich hängen, das tu ich nicht. Ich hänge mich lieber an den Hals oder Fuß Christi wie die Sünderin. Ob ich auch noch schlechter bin als diese, ich halte meinen Herrn fest. Dann spricht er zum Vater: ›Dieses Anhängsel muss auch durch. Es hat zwar nichts gehalten und alle deine Gebote übertreten, Vater, aber er hängt sich an mich. Was will's! Ich starb auch für ihn. Lass ihn durchschlupfen.‹ Das soll mein Glaube sein.«

Wie oft muss uns ein kleiner Hinweis in der Bibel genügen, bleibt unsere Neugier, unsere Sehnsucht, zu verstehen, unbefriedigt. Glaube bleibt oft der Schritt ins Ungewisse, in den Nebel, in die Nacht des Zweifels, im Vertrauen darauf, dass dort einer ist, der hält. Glaube bleibt eine Haltung, die ich mir immer wieder neu schenken lassen muss.

Jan ging es gut auf der Silvesterfeier. Ob das etwas mit meinem kleinen, schwachen Gebet zu tun hatte?

Ruhe nach dem Sturm?

Als Paar geht es uns gut zur Zeit, wobei Werner etwas mehr als ich durch die Begleiterscheinungen der vielen Teens um uns herum gerüttelt zu sein scheint: ständiges Quietschen der Kühlschrank- und Backofentüren, seltsame Geräusche aus mehreren CD-Playern des Hauses, ewiges Gekicher und Gebrülle, wenn die Freunde der Mädchen da sind, Chauffeurdienste und nächtliches Warten auf Heimkehrerinnen.

Immerhin haben wir es bis hierher geschafft! Mir ist allzeit bewusst, dass dies eine vergängliche Phase ist, der eine ruhigere Drei- bis Zweisamkeit folgen wird, eine Vision, die Werner manchmal irgendwie anziehend findet ...

Vor siebzehn Jahren sind wir mit zwei winzigen Kindern in ein geräumiges Haus gezogen. Heute sind wir zu fünft (plus x) und jeder Winkel ist genutzt, besiedelt, belebt. Wir leben inmitten lauter großer Menschen. Wir wollen unseren Kindern ein offenes Haus bieten, deshalb weilen oft noch mehr große Menschen bei uns.

Es fällt uns schwer, in diesem turbulenten Heim, in dem wir keinen Raum für uns haben außer dem winzigsten aller Schlafzimmer inmitten der drei »Kinderzimmer«, unsere knapp bemessene freie Zeit zu gestalten.

Selbst wenn wir uns in die Sauna zurückziehen wollen, steht Anna mit einem Handtuch unter dem Arm plötzlich neben uns. Annas Liebessprache ist Zweisamkeit, ich glaube, sie würde uns bis Alaska folgen, wenn ihr nach Gemeinschaft zumute ist.

Werner und ich haben viel zu wenig Zweisamkeit, aber gestern habe ich den Schock meines Lebens bekommen, als mir klar wurde, dass sich sowohl Anna (19) als auch Lena (17) vorstellen können, in wenigen Jahren (sprich: zwei oder drei) auszuziehen. Wenn Jan (14) dann auch noch eine Ausbildung in dem der Schule angegliederten Internat beginnen würde, wären wir in Kürze wieder ganz allein. Welch ungeheuerlicher Gedanke!

Okay, die allgegenwärtige Wohngemeinschaft, die an die geschlossene Schlafzimmertür klopft, um zu fragen, ob die letzte Tiefkühlpizza noch zu haben ist (immerhin fragen sie!), ist etwas heftig. Aber angesichts der ebenfalls extremen Aussicht, plötzlich derart zusammenzuschrumpfen und von meinen Kindern höchstens noch besucht zu werden, statt mit ihnen den Alltag zu teilen, bleibe ich demütig. Ich versuche also, alles zu nehmen und zu genießen, wie es ist.

Dabei bin ich nicht frei von Neid. Unsere beiden Mädchen können sich mit ihren juvenilen Partnern jederzeit dezent in ihre Zimmer zurückziehen. Das tun sie auch freimütig und ohne Hintergedanken. Dort können sie in Ruhe reden, puzzeln, Fotos einkleben, für Prüfungen lernen. Wenn wir uns zwischen 7 und 23 Uhr mit eindeutigen Hintergedanken ins Schlafzimmer zurückziehen wollten, könnten wir gleich einen Slip an einer Fahne raushängen. Irgendwie haben wir den Moment verpasst, glaubwürdig zu vermitteln, dass man auch in einem abgeschlossenen Raum, in den mit Mühe und Not ein Bett und ein Schrank passen, am helllichten Tag rein theoretisch philosophische Gespräche, Gebetskämpfe oder Schweigeminuten durchführen kann. So warten wir geduldig bis sarkastisch auf den Moment, in dem das Haus schläft oder einsam ist.

5.15 Uhr: Anna frühstückt. Trotz Müdigkeit folge ich meiner Sehnsucht, zu ihr runter zu gehen, sie zu umarmen, zu riechen.

Dankbar seufzend schmiegt sie sich schweigend an mich, ein bettwarmes, großes kleines Wesen. Dann reiht sie sich auf deutschen Autobahnen ein und ich liege im Bett, bange um sie, bete für sie – zum wievielten Mal seit neunzehn Jahren? Gott kennt ihre Tage, nicht alle Gefahren dieser Welt gelten meiner Tochter. Ich bin stolz auf sie.

Und unheilbar sentimental! Werner würde so etwas nie in den Sinn kommen. Er freut sich dann eben darauf, ungestört Sex haben zu können. Dann wird er mich nicht mehr teilen müssen, gehöre ich ihm endlich wieder allein, so wie damals, bevor wir uns vermehrt haben. Er muss teilen, ich bin die, die sich teilt. Noch liegt ein Teddy in Annas Bett. Aber es ist schon ein Bär, den ihr Freund ihr geschenkt hat. Ich kuschle mich wieder zu meinem schlafenden Gatten in dem schlafenden Haus ...

Meine Gedanken wandern zu unserem letzten Urlaubstag. Zum Abschluss noch einmal ans Meer. Ein letztes Mal. Zwei große Hunde stürmen plötzlich die Dünen herunter und stürzen sich ins Wasser. Ein weißhaariges Paar kommt dazu. Sie setzt eine skurrile Bademütze auf und rennt zu den Hunden ins Wasser. Sie juchzt. Der Mann hinterher, wirft einen Ball für die Hunde. Die Alten schwimmen lachend mit ihnen um die Wette. Kein Kind weit und breit, nur die beiden, die Spaß haben miteinander. So könnte es sein. So könnte es gut sein. Zwei lachende Alte, einziges Gepäck: zwei Handtücher.

Morgen sind wir 21 Jahre verheiratet. Was für eine unglaubliche Zahl. Was für ein schönes Leben ...

Wer die Gottesgabe der Begeisterung besitzt, der wird wohl älter, aber niemals alt.

HERMANN ONCKEN

Mängelbericht

Heimfahrt von der Arbeit im Buchladen. Es dämmert bereits. Ende der Saison ...

Auf der Brücke kurz vor meinem Ziel winken zwei Polizeibeamten mich und mein klitzekleines, unschuldiges, rosarotes Auto auf den Seitenstreifen. In mir dämmert es auch. Das Wort »Führerschein- und Fahrzeugkontrolle« erscheint auf meiner inneren Warnlampe. Ich weiß nicht, wo meine Papiere sind. Ich weiß, dass meine Reifen kein Profil haben. Werner und mein Vater predigen mir das seit Wochen. »Wenn du erwischt wirst, kannst du dir für das Geld, das du für den Strafzettel bezahlen musst, einen halben Satz Reifen kaufen!«

Ich halte an, versuche ein Lächeln in einer Mischung aus weiblicher Unschuld und guter deutscher Glaubwürdigkeit. Es nützt nichts. »Fahrzeugpapiere bitte!« Den Führerschein finde ich relativ schnell, stolz drücke ich dem Älteren das Papier in die Hand. Ich gehe davon aus, dass er zufrieden bis beeindruckt ist, eine gute Staatsbürgerin vor sich zu wissen.

Die Suche nach dem Fahrzeugschein erweist sich als schwieriger. Ich finde ihn schließlich leicht angesäuert im Seitenfach der Beifahrertür, in das es hin und wieder reingeregnet zu haben scheint. Nicht mehr ganz so souverän reiche ich ihm das leicht angeschimmelte Ding in die Hand. »Hoho, darauf können Sie Kulturen züchten«, meint der Kollege jovial. Jetzt bin ich aus dem Club der weißen Westen rausgefallen. Meine hat einen Fleck.

»Ist das Fahrzeug technisch in Ordnung?« Oje, wie lügt ein Christ nicht bei so einer Frage? »Sollte es wohl sein!«, winde ich mich. Ähem. Pharisäerin, klagt mich mein Gewissen sofort an. Ich finde, dass es funktioniert. Also ist es technisch in Ordnung. Das mit den Reifen stellen die Herren dann trotz gebeugten Rundgangs mit Lampe ums Auto nicht fest. Schon erleichtert, dass mein Manko unentdeckt bleibt, da: »Machen Sie mal die Scheinwerfer an!« Ich tue ihm den Gefallen, finde das Ganze aber allmählich sehr lästig.

Es ist ein unangenehmes Gefühl, so unvorbereitet auf dem Prüfstand zu stehen und mit so defizitorientierten Augen betrachtet zu werden. Ich möchte gerne davonkommen, ohne für etwas bestraft zu werden, ohne viel Geld zu löhnen für irgendwelche Vergehen auf deutschen Landstraßen.

Und jetzt hilft keine halbe und keine ganze Lüge. Jetzt kommt die Wahrheit ans (nicht vorhandene) Licht. Man muss nur lang genug suchen, um auf dieser gefallenen Welt voller Unvollkommenheit einen Fehler zu entdecken. »Das linke Licht ist blind!« Zufrieden zückt der Jüngere den Block. Mir fällt auf, dass ich mittlerweile ein Alter erreicht habe, in dem ein Beamter mein Sohn sein könnte ...

Er schreibt einen Mängelbericht. »Das kostet Sie nichts«. Ich muss lediglich den Mangel reparieren lassen, bei der Polizei vorfahren, einen Stempel besorgen, die Karte einschicken ... Mit staatlich bescheinigtem Mangel fahre ich endlich nach Hause.

Als ich Andrea am nächsten Tag davon erzähle, kommt mir der Verdacht, dass an der Geschichte etwas ist, das zum Weitergeben taugt. Nur: Wo ist die Übertragung? Andrea findet sie gleich für sich: Kurz vor der vermeintlichen Verdammung »nur« ein Mängelbericht. Gnade!

Gnade? Von der Seite habe ich das Ganze noch gar nicht betrachtet. Erstaunlich, in welch andere Richtung ich gedacht hatte: Das Gefühl, dass mir meine reine Weste genommen wurde, jemand meine Defizite sucht, aufdeckt und beleuchtet und von mir fordert, sie zu beseitigen ...

Ich hatte mich eigentlich ganz gerecht gefühlt, aber das Urteil lautete: Angeschmuddelt, nicht in Ordnung. Kein großes Okay für mich.

Abends sehe ich aus dem Augenwinkel, wie Charly geduckt im Schneckentempo durch den Flur schleicht, um sich lautlos auf dem neuen Wohnzimmerteppich niederzulassen, der ihm verboten ist. Nun sieht man nur noch die dunkle Schnauze. Muss ich schon wieder konsequent sein? Er ist so rührend. Ob Gott mich auch rührend findet, wenn ich, schlechtes Gewissen im Nacken, durchs Leben schleiche, um mir eine Vergünstigung zu ergaunern?

Mein blindes Licht wird zum Gleichnis für meine noch privateren verdeckten Mängel, mit denen ich oft durchs Leben schleiche, in der Hoffnung, den Schein zu wahren.

Dietrich Bonhoeffer schrieb: »Ich glaube, dass auch unsere Fehler und Irrtümer nicht vergeblich sind und dass Gott es nicht schwerer ist, mit ihnen fertig zu werden, als mit unseren vermeintlichen Guttaten.«

Gott ist nicht der strenge Polizeibeamte im Himmel, der mit dem Finger auf meine Fehler zeigt. Gott ist mein Vater, der mich kennt und über mich lächelt, der so gerne wieder und wieder großzügig ist, mir helfen will, meine Mängel zu beseitigen und mir immer wieder eine neue reine Weste gibt. Er liebt mich nicht, weil ich so rein bin, sondern weil er so rein ist.

Da, wo ein Mensch sich angenommen weiß, kann er seine Dunkelheiten zugeben und ans Licht bringen. Gott hat kein Interesse an unserer braven, perfektionistischen Fassade. Er will mit uns hinabsteigen in unsere innerste Realität, in unsere Verletzungen und Verkrustungen, unsere Bedürftigkeit und unsere Leidenschaften.

REGINA LAUBE

Ein halbleeres Glas ist auf jeden Fall positiv!

6.15 Uhr: Der Wecker klingelt. »Schon wieder ein Tag vorbei«, muffle ich Richtung Werners Bettseite. »Schon wieder ein neuer Tag!«, grinst der, unerträglich optimistisch. Ich schleppe mich ins nächste Zimmer. »Guten Morgen, Jan!« Jan brummt, umringt von einem Rudel Stoffhunde. »Tut mir Leid, Mama. Ich schlaf noch.« Ich muss schmunzeln. Seine Gegenwehr ist nur halbherzig und zehn Minuten später torkelt er runter zur Küche. Er stolpert: »O Mann, blöde Hausschuh!« »He, Jan, ich bin eine Frau und das sind meine Hausschuhe!« »O liebe Hausschuh! Charly, mein Großer! Darf der Hund mir guten Tag sagen? Cindy! Miau! Wenn sie halt nicht will, will sie halt nicht. Mama, wo ist mein Schlüssel?« Das Haus erwacht zum Leben ...

Jeden Morgen, wenn nacheinander alle das Haus verlassen und sich jeder auf seine Art von mir verabschiedet, fliegen mich zwei Gefühle gleichzeitig an: Bangen, ob wir uns gesund wiedersehen und Erleichterung, allein zu sein. Werner geht meist zuletzt und wirbelt eine Weile herum, bis er Schlüssel, Handy, Geldbeutel und elektronischen Timer beisammen hat. Manchmal braucht er dafür zwei Anläufe, dann klingelt er noch mal, küsst mich, drückt mich, stöhnt im Hinblick auf die eine oder andere Sitzung und weht davon. Jetzt gehört der Küchentisch mir. Ich schiebe die Tageszeitung zur Seite und breite meine Siebensachen aus: Bibel, Tagebuch, Gebetstagebuch, Buch, Zeitschriften. Ich liebe es, vor der Arbeit eine Pause zu machen. »Pause« kommt von innehalten. Meinen Geist nach innen halten. An manchen Tagen ist diese Stille am Morgen die einzige Stille gewesen.

Wieder ein Tag ... Wieder eine neue überschaubare Zeiteinheit, die mir gegeben ist, um sie zu gestalten, mit Leben zu füllen, sie auszukosten, vorüberziehen zu lassen und am Ende wieder zurückzugeben. Eine Zeit voller Alltag und ungewöhnlicher Momente, je nachdem, worauf ich meinen Blick fokussiere.

Eine Freundin möchte mich treffen, aber sie will ihre sichere Winterhöhle nicht verlassen. Sie hat Angst vor draußen und verspricht sich nichts davon. Sie verabscheut Kälte und interessiert sich nicht für Hunde. Wir verabreden uns zum zweiten Frühstück und ich ziehe mit dem Hund alleine los.

Als ich mit Charly am See ankomme, raubt mir der Anblick fast den Atem. Die Sonne, die genau mir gegenüber gerade über den Dächern aufsteigt, taucht den kleinen See durch die Wolkendecke hindurch in weißes Licht. Gras, Schilf, alles ist weiß von Raureif. Aus dem See steigen weiße Nebelschwaden, die auf mich zuwehen. Ich gehe vor ans Ufer und habe das Gefühl, in den Wolken zu stehen. Ich wüsste gern, wie sich das anfühlt, in diesen Nebel einzutauchen, ob es kalt und feucht ist, wie es riecht. Ich beuge mich vor, aber der Nebel teilt sich und zieht in einem Strudel an mir vorbei. Dadurch gerät der ganze See in Bewegung. Daheim gebliebene Vögel plaudern leise untereinander.

Ich begegne keinem Menschen. Ich werfe dem Hund den Ball, hole ihn immer wieder aus dem Geäst hoher Bäume, weil ich nicht werfen kann, umrunde den See. Der Himmel ist jetzt grau, der See ebenfalls.

Da durchbricht die Sonne, nun hinter meinem Rücken, wieder die Wolkendecke und taucht die kahle Baumreihe zwischen Wasser und Himmel in warmes Rot. Ihr Licht spiegelt sich in den Bäumen und einer frei stehenden Trauerweide.

Wieder stehe ich wie angewurzelt da. Eine Joggerin rennt vorbei, sieht es gar nicht. Ich möchte auch rennen, meine Kamera holen, festhalten, aber es ist einer der kostbaren Schätze der Natur, die ich in mir bergen muss. Aus Grau wird leuchtendes Rot, weil die Sonne darauf scheint. Nach einer Minute ist der Zauber vorbei. Grau ist wieder grau. Wird mein Leben auch hin und wieder für kurze Momente in helles Licht getaucht? Kann sich im Grau meines Alltags Gottes Licht spiegeln? Geschenk des Himmels ...

Meine Freundin lässt sich was entgehen!

Vor der Bäckerei binde ich den Hund fest. In der Bäckerei blinzelt ein Kunde in die Morgensonne, meint selig: »Was für ein herrliches Wetter bekommen wir heute!!« Er sagt es mit einer Stimme, als würde er ein unerwartetes Geschenk erhalten. Der Bäcker, dem dieselben Sonnenstrahlen in der Nase kitzeln, meint: »Blöde Sonne! Nützt ja eh nix. Wärmt nicht einmal. Im Winter geschehen nur eine Menge unnötiger Unfälle wegen dieser blöden tiefstehenden Sonne!« Das ist meine Tageslektion, Variante der Geschichte mit dem halbleeren Glas ...

Abends sitzen Werner und ich vor dem Ofen. Anna setzt sich dazu. Jan trägt Wackelpudding ins Wohnzimmer. »Danke für das schöne Essen! Halleluja!« Jetzt grinse ich. Jan schlabbert und plappert: »Wackelpudding mag ich so gern. Weil man den so schwer essen kann.« Ich sehe Jan zu, wie er mit dem Löffel glibberige Brocken jagt und kichere. »Stimmt doch, Mama, die rutschen immer ab.« Gedankenverloren fische ich eine kleine Fruchtfliege aus meinem Weinglas und sehe ihr nach, wie sie erleichtert losfliegt. Noch einmal davongekommen. Später sitze ich auf dem Badewannenrand, schmiege meinen Kopf an Anna, blödle herum und sage: »Ich bin eine betrunkene Fruchtfliege ...« Ich bin so glücklich, möchte mein Glück auskosten bis auf den letzten Tropfen.

Der Tag geht zu Ende. Ich habe gekocht, geputzt, gewaschen. Geredet und getröstet, zugehört, ermutigt, gelästert. Jan hat sich verliebt. Die Nachbarin meiner Mutter ist gestorben. Mein Bruder hat angerufen. Eine Frau hört von meiner Krebserkrankung vor zwei Jahren und sagt: Da seid ihr durch schwere Zeiten gegangen! Ja, denke ich, und es fühlt sich unendlich weit weg an. Gott sei Dank. So viele gute Tage hat Gott mir geschenkt seither. So viele Erfahrungen, Erkenntnisse, so viel Lernen, Glück, Liebe, Geborgenheit. Jeder Tag ein Geschenk – die Binsenweisheit hat sich in mir verankert. Und immer noch Angst vor Trennung durch Tod, vor Leid durch Krankheit, täglich das Wissen um meine Zerbrechlichkeit, um die Vergänglichkeit meines Glücks, täglich sehe ich, worauf ich zulebe, sofern mir Zeit gegeben ist: Alter, Einsamkeit, Abschied. Ja, ich habe Schweres durchgemacht. Aber meine Lebenssumme unterm Strich ist positiv! Und Gott wird auch morgen bei mir sein. Und übermorgen ...

Ein Pessimist sieht die Schwierigkeit bei jeder Gelegenheit, ein Optimist hingegen sieht die Gelegenheit bei jeder Schwierigkeit.

WINSTON CHURCHILL

Weitere Tagebücher von Bianka Bleier

Stinknormal und einfach herrlich

Aus dem Tagebuch einer frommen Hausfrau

Das erste Tagebuch der »frommen Hausfrau«:
Frech, spritzig und doch wie im richtigen Leben – diese Tagebuchblätter lassen auch den eigenen Alltag mit anderen Augen sehen.
Ein Dorf mit Möchtegern-Kleinstadtcharakter, ein altes Haus mit Hühnern statt Hollywoodschaukel im Garten, zwei Töchter im aufgewecktesten Alter, ein ganz spezielles Söhnchen, ein Ehemann, ein Hund, ein Spargelacker – das sind die Zutaten, aus denen der Alltag der Bianka B. gemixt wird.

256 Seiten,
Taschenbuch
Best.-Nr. 220.874

Tonnenschwer und federleicht

Neue Seiten aus dem Tagebuch der frommen Hausfrau

Das zweite Tagebuch der »frommen Hausfrau«:
In Bianka Bleiers erstem Tagebuch haben unzählige Frauen ihr eigenes Leben erkannt und es hat sie zum Lachen und Weinen gebracht.
Hier geht es weiter, mit Tagebuchseiten, in denen auch von etlichen schwierigen Momenten die Rede ist und in denen doch immer wieder Liebe und Hoffnung den Tag bestimmen. Geschrieben mit einem Humor, der einfach unverwechselbar ist. Ein Frühjahrsputz für staubig-graue Seelenfenster.

272 Seiten,
Taschenbuch
Best.-Nr. 220.877

scm R.Brockhaus